Elementi /

Lucio Russo
Segmenti e bastoncini

Dove sta andando la scuola?

Feltrinelli

Prima edizione in "Elementi" marzo 1998
Quinta edizione marzo 2000

ISBN 88-07-47021-7

Alla memoria di
mio padre Ugo

Introduzione

Il disinteresse per la scuola, in Italia, è stato a lungo diffuso. È vero che negli ultimi cinquant'anni diverse commissioni hanno lavorato a progetti di riforma (alcuni attuati; altri no; altri ancora, come la riforma Brocca, rimasti, con scelta tutta italiana, in una situazione intermedia). È vero anche che sulla scuola sono apparsi una gran quantità di saggi e interventi di vario tipo. Ma si è trattato quasi sempre del lavoro di "specialisti della scuola", quasi che l'identificazione del sapere da trasmettere alle future generazioni non fosse un problema centrale per chiunque e, a maggior ragione, per ogni intellettuale, ma una questione pertinente a una ristretta cerchia di specialisti. In particolare negli ambienti scientifici le scelte didattiche relative alla scuola secondaria sono state a lungo considerate un problema di secondo piano, da delegare ai colleghi meno brillanti (con, va detto, alcune eccezioni). Un tempo la situazione era ben diversa: tra i ministri italiani della pubblica istruzione non vi furono solo, come tutti sanno, Francesco De Sanctis, Pasquale Villari, Benedetto Croce e Giovanni Gentile, ma anche un matematico come Luigi Cremona[1] (tra i fondatori della gloriosa scuola geometrica italiana) e, per fare solo due altri esempi, si può ricordare che Federigo Enriques dedicò

[1] Per pochi giorni, per la verità, nel 1897. L'impegno ministeriale fu tuttavia solo una delle tante occasioni in cui Cremona si interessò attivamente dei problemi della scuola.

molte delle sue energie alla scuola ed Enrico Fermi fu autore di un manuale scolastico.

Volendo essere ottimisti, si può forse sperare che il lungo periodo di disinteresse per la scuola (del quale cercheremo le ragioni più avanti) stia finalmente per chiudersi. I progetti di radicale riforma annunciati, e in parte già avviati, dal ministro Berlinguer hanno suscitato infatti un dibattito che, anche se non così ricco quanto l'enorme posta in gioco richiederebbe, appare vivace rispetto al silenzio cui siamo abituati. La maggioranza degli interventi, sia a favore sia contro la linea governativa, si è tuttavia concentrata sulle questioni del rapporto tra scuole pubbliche e scuole cattoliche e sui criteri di insegnamento della storia del Novecento. Probabilmente la scelta di questi temi è dovuta non solo alla loro indubbia rilevanza, ma anche al fatto che essi si prestano facilmente a una lettura "politica" in senso stretto. Credo tuttavia che, proprio per la grande importanza delle scelte in materia di scuola, sia essenziale che su questo tema gli intellettuali si impegnino in prima persona fornendo idee alla politica, senza delegare le scelte fondamentali né ai dirigenti politici, né agli "specialisti di scuola".

Questo opuscolo intende contribuire al dibattito con una riflessione sulla direzione generale nella quale la scuola si è mossa finora. La riforma progettata si inserisce infatti in un processo di lungo periodo che per quanto riguarda l'Italia è iniziato almeno negli anni sessanta, quando, anche sotto la spinta del movimento studentesco, la vecchia impalcatura gentiliana subì i primi consistenti attacchi, con l'introduzione della scuola media unica e la liberalizzazione degli accessi all'università. Il processo continuò con l'abolizione del latino nella scuola media (che non si osò eliminare con un unico provvedimento, ma fu fatto a lungo sopravvivere in vari stati preagonici), la riforma "sperimentale" degli esami di maturità, l'introduzione dei "programmi Brocca" (adottati, anch'essi in via "sperimentale", da molte scuole), la diffusione di un gran numero di altre sperimentazioni e, più recentemente, con l'abolizione degli esami di riparazione, ultima tappa nello smantellamento della meritocrazia. Si è trattato finora di un processo lento e spesso attuato in modo inconseguente, lasciando sopravvivere non solo lo scheletro, ma molti elementi significativi della vecchia struttura. Adesso il ministro Berlinguer, mediante la riforma dei cicli, promette una brusca accelerazione dei processi in atto, estendendo l'obbligo scolastico, introducendo nella scuola le nuove tecnologie e ridisegnando l'intera struttura scolastica italiana. Va sottolineato, a mio parere, che la novità essenziale promessa dal ministro Berlinguer sembra essere l'efficienza e la radicalità del cambiamento e non la sua direzione. In effetti i principi ispiratori di molti dei provvedimenti del ministro, come quelli alla base dello "statuto degli studenti" o del sacrificio della storia antica sull'altare della contemporaneità, o anche l'insistenza sulle tecnologie multimediali, appaiono l'espressione di tendenze culturali maggioritarie da tempo in tutte le forze politiche.

Nelle prossime pagine vi è innanzitutto un tentativo di individuare le ragioni di fondo della trasformazione di lungo periodo in atto nella scuola occidentale, allo scopo di capire se il problema sia solo quello di accelerare il cambiamento o non piuttosto di cambiarne la direzione. Dopo avere analizzato alcuni temi specifici, riguardanti in particolare l'insegnamento scientifico e l'introduzione nella scuola delle nuove tecnologie, vengono affrontate le particolarità della scuola italiana. Gli ultimi due capitoli sono dedicati rispettivamente alla linea seguita dal ministro Berlinguer e ad alcune proposte alternative.

Ringraziamenti

Sono riconoscente a Grazia Cassarà non solo per il suo lavoro redazionale, che ho avuto l'occasione di apprezzare per la seconda volta, ma anche per avermi suggerito l'idea di scrivere un contributo al dibattito sulla scuola. Le tesi qui esposte si sono precisate nel corso di molte discussioni; particolarmente utili sono state quelle con Franco Ghione, Sandro Graffi e Gianni Stelli. Sono inoltre grato a Fabio Acerbi e Monica Ugaglia per una preziosa critica analitica del manoscritto, a Federico Bonelli per alcune osservazioni e ad Annarita Carnevale per avermi aiutato nel recuperare il testo (che era scomparso nei recessi di un disco rigido gravemente danneggiato).

1. Una scuola per consumatori

1.1. *Le funzioni tradizionali della scuola*

La scuola sta subendo un processo di trasformazione profondo e di lunga durata, in gran parte comune a tutto il mondo occidentale. Tale trasformazione non può essere salutata con entusiasmo, come molti sembrano fare, sulla base del solo tautologico argomento che si tratta del processo di "modernizzazione", che porterà la scuola nel futuro. Un tale argomento appare a molti ragionevole solo per la persistente diffusione di una fede cieca nel progresso, che qualifica *ipso facto* come "progressivo" qualsiasi mutamento abbastanza forte da imporsi. Eppure la storia del Novecento, che tutti considerano di grande importanza, dovrebbe averci ampiamente vaccinato contro un simile candido ottimismo. Una critica alle tendenze attuali effettuata da un punto di vista astrattamente intellettuale o morale, per quanto possa essere interessante, rischia d'altra parte di rimanere del tutto inefficace. È preferibile cercare innanzitutto di capire le ragioni profonde dell'attuale trasformazione della scuola, evidentemente connesse al suo cambiamento di pubblico e di funzione nell'ultimo secolo e in particolare negli ultimi tre o quattro decenni.

Alla scuola sono state attribuite nel corso della storia due funzioni, non completamente distinte e variamente articolate tra loro. La prima è stata quella di educare i giovani fornendo loro, insieme ai valori morali fondamentali, una cultura generale di base adeguata al previsto livello del loro inserimento sociale. La seconda funzione consisteva nel fornire le conoscenze necessarie per la futura attività professionale.

Ovviamente non sempre sono esistite scuole. Nelle società a struttura tribale che vivono di caccia e raccolta l'assenza o lo stato rudimentale della divisione del lavoro fa sì che ogni membro della tribù possieda una conoscenza potenzialmente completa sia dell'organizzazione sociale che delle tecniche necessarie alla sussistenza. I giovani possono quindi apprendere dagli adulti tutto ciò di cui hanno bisogno, senza necessità di un'istituzione particolare. Anche società più elaborate, con attività artigianali specialistiche, ma basate su conoscenze pratiche non troppo complesse, possono fare a meno di istituzioni scolastiche, trasmettendo le conoscenze professionali attraverso varie forme di apprendistato. La scuola divenne invece essenziale quando la formazione di grandi organismi statali, basati su una complessa amministrazione, fu resa possibile dall'invenzione della scrittura, che a sua volta permise l'elaborazione di una tecnologia raffinata, basata su un corpus di conoscenze accumulato nel corso di molte generazioni. Si trattava però di scuole rivolte alla formazione di un ristretto gruppo di funzionari, impiegati nell'amministrazione e nella direzione dei lavori di stato, mentre la popolazione nella sua quasi totalità rimaneva completamente estranea sia allo strumento della scrittura, sia all'istituzione scolastica. È questo il caso della società egizia dell'epoca faraonica, delle antiche società mesopotamiche e delle altre coeve civiltà del Vicino Oriente, le cui scuole per scribi erano un elemento essenziale dell'organizzazione statale.

Con un salto di parecchi millenni, passiamo alla "vecchia scuola" che molti di noi hanno conosciuto direttamente. Con questo termine intendo, grossolanamente, la scuola europea della prima metà del Novecento, sopravvissuta fino agli anni sessanta, che, pur subendo importanti trasformazioni e variando notevolmente da paese a paese, mantenne inalterate alcune caratteristiche essenziali. Si trattava di una scuola articolata in due fasce d'età. Quella destinata ai più giovani, obbligatoria e gratuita, si rivolgeva alla totalità della popolazione e aveva essenzialmente la funzione di alfabetizzarla. In tale scuola non solo si imparava a leggere e scrivere, ma venivano anche trasmessi i valori civili e morali considerati fondamentali, nonché alcune altre conoscenze elementari, come il calcolo con le quattro operazioni. Nella fascia d'età successiva il pubblico della scuola cambiava radicalmente. Esistevano varie scuole professionali, ma i lavori manuali meno qualificati erano iniziati subito dopo l'adempimento dell'obbligo, mentre per la formazione degli artigiani un lungo apprendistato rimaneva insostituibile. La scuola successiva all'obbligo si rivolgeva soprattutto alle classi sociali superiori e la sua funzione precipua era quella di preparare dirigenti e tecnici di alto livello. La formazione professionale di questi due gruppi avveniva nelle università, ma si riteneva necessario premettere alla preparazione specialistica universitaria una formazione culturale generale. Si pensava infatti che la cultura avesse una solida base unitaria, in assenza della quale non fosse possibile acquisire le varie conoscenze specialistiche. I contenuti della cultura di base includevano l'inquadramento nello spazio e nel tempo della propria esperienza diretta, grazie a un corpo di conoscenze geografiche e storiche, gli elementi fondamentali della storia della cultura occidentale, sin dalle sue basi nella civiltà greca, lo studio della letteratura nazionale e una serie di strumenti concettuali elementari, considerati indispensabili a quelle che venivano dette "persone colte". Tra questi strumenti erano l'analisi (grammaticale e logica) del periodo e i fondamenti della geometria euclidea. Il primo strumento era utilizzato soprattutto per studiare le lingue classiche (che interessavano una vasta porzione degli studenti), ma era utile anche per l'apprendimento di una lingua straniera moderna. Notiamo che vi è qualche analogia tra lo studio della geometria e l'analisi del periodo. In entrambi i casi gli studenti venivano abituati a usare contemporaneamente due diversi livelli di discorso: quello concreto (fornito in un caso dal disegno e nell'altro dal periodo da analizzare) e quello teorico, per il quale occorreva usare una terminologia specifica. In entrambi i casi la soluzione di problemi (in particolare di traduzione) veniva ottenuta applicando, in modo non meccanico, regole generali a casi particolari.

Un'idea del livello culturale raggiunto da chi aveva frequentato una scuola superiore europea di vecchio tipo può essere fornita dalle enciclopedie dell'epoca: ad esempio l'*Enciclopedia Italiana*. Un'opera del genere era scritta da specialisti di molte discipline, ma nel suo pubblico potenziale vi era chiunque avesse frequentato le scuole superiori, indipendentemente dal fatto che si trattasse di un ingegnere, un avvocato o un medico. L'esistenza di una scuola superiore con contenuti sostanzialmente unitari e accettati forniva una guida abbastanza attendibile su quali fossero le conoscenze che l'autore di una voce di enciclopedia poteva considerare prerequisite. Lo stesso avveniva per i libri. Si pubblicavano molti libri di buon livello, su vari argomenti, non rivolti a un pubblico di specialisti ma genericamente alle "persone colte", cioè alla minoranza che aveva frequentato le scuole superiori.

1.2. *Concentrazione e globalizzazione*

Nel corso degli ultimi decenni lo sviluppo tecnologico e l'ampliarsi degli scambi hanno prodotto una crescente concentrazione a livello planetario sia della produzione ad alto contenuto tecnologico sia del potere politico-finanziario. Si sente spesso dire che viviamo in un mondo di complessità crescente, che richiede competenze, in particolare scientifiche, sempre più raffinate. Ciò è evidentemente vero se si guarda alla somma delle competenze possedute dall'umanità, ma sarebbe del tutto errato dedurne un aumento del livello medio delle conoscenze richieste dal sistema. La progettazione di un computer richiede certamente una somma di conoscenze di gran lunga superiore a quelle necessarie per costruire una vecchia radio a valvole. I principi di funzionamento di una radio a valvole erano però chiari non solo a chi lavorava in una delle tante industrie in grado di produrle e a una massa di radioriparatori, ma anche a molti utenti curiosi (quanti ragazzi hanno costruito una radio grazie ai corsi per corrispondenza Scuola Radio Elettra?). La progettazione di un computer richiede invece competenze che in genere non sono presenti neppure nelle aziende costruttrici, che si limitano il più delle volte a un banale lavoro di montaggio, mentre la costruzione delle unità centrali è concentrata, a livello mondiale, in poche aziende americane e giapponesi. D'altra parte i ragazzi, grazie a calcolatrici e orologi digitali, non hanno più necessità di sottoporsi a sforzi mentali oggi considerati eccessivi, come quelli un tempo necessari per eseguire le quattro operazioni o per dedurre l'ora dalla posizione delle lancette di un orologio.

Le antiche competenze artigianali vanno perdendosi o si snaturano per adeguarsi alla richiesta turistica, mentre la produzione industriale (che ha sottratto quasi tutto il mercato all'antico artigianato) si concentra in aziende che hanno bisogno di un numero sempre minore di tecnici sempre più specializzati. Le produzioni su licenza o la scelta di limitarsi a montare componenti acquistati altrove riduce spesso questo numero a zero anche in industrie apparentemente impegnate in settori di alta tecnologia. La forza lavoro direttamente impegnata nella produzione diminuisce in continuazione, non solo per l'espansione del terziario vero e proprio, ma anche per un processo di terziarizzazione dell'industria. Grazie all'automazione, infatti, i tecnici nel senso tradizionale del termine stanno diventando una rarità anche nelle aziende industriali, dove si trovano piuttosto impiegati amministrativi, legali, fiscalisti, esperti di relazioni pubbliche, di gestione finanziaria, di rapporti con la pubblica amministrazione, di gestione del personale e, soprattutto, esperti di marketing, pubblicitari e venditori di ogni specie. Il massimo livello di attività intellettuale è in genere quello richiesto agli ideatori di campagne pubblicitarie, ormai chiamati semplicemente "creativi". In altre parole il grosso della forza lavoro è ormai impegnata nella distribuzione delle risorse lungo una catena che si allontana sempre di più dalla produzione, sempre più automatizzata. Gli ingegneri sono usati così spesso in compiti puramente gestionali che le università hanno creduto di doversi adeguare programmando corsi di laurea in "ingegneria gestionale". In Italia, in particolare, molte multinazionali sono presenti con strutture che si occupano esclusivamente di vendita, di problemi legali e di rapporti con la pubblica amministrazione.

Mentre, grazie alla terziarizzazione dell'industria, le conoscenze tecniche relative alla produzione materiale si concentrano in un numero sempre minore di teste, un analogo fenomeno di rarefazione delle conoscenze avviene nel terziario, che in un certo senso viene "industrializzato". I compiti tradizionalmente svolti dai lavoratori del settore vengono infatti sempre più spesso delegati a macchine prodotte dall'industria. È ormai raro un impiegato in grado di eseguire una divisione senza l'ausilio di una potente tecnologia. I codici a barre che contrassegnano i vari prodotti richiedono una tecnologia raffinata per produrre i lettori automatici, ma esonerano chi lavora alla cassa anche dal saper distinguere i prodotti tra loro. Un tempo, che oggi sembra lontanissimo, la prima diffusione dei computer aveva fatto credere che potesse essere utile insegnare elementi di programmazione a ragionieri, bancari e fiscalisti. Oggi tutti questi professionisti, usando programmi commerciali in modo ripetitivo, debbono solo conoscere pochi comandi corrispondenti a un numero molto limitato di opzioni.

Un processo analogo a quelli descritti, che sottrae intelligenza al lavoro, riguarda anche la produzione culturale. L'ideazione di programmi televisivi, ad esempio, è sostituita sempre più spesso dall'acquisto di programmi già collaudati in altri paesi.

Il comune cittadino del "villaggio globale" formato da miliardi di individui ben difficilmente potrà sperare di svolgervi un qualsiasi ruolo significativo. Nella quasi totalità dei casi rischia di divenire un semplice fruitore passivo di prodotti confezionati per il consumo di massa. La massificazione riguarda anche la produzione di surrogati dei rapporti personali, come mostrano i fenomeni del tifo e del divismo. Quanto alla prevista sostituzione dei rapporti sessuali con il "sesso telematico" o il "sesso virtuale", esercitato in apposite tute, sembra che bisognerà attendere ancora. L'uso crescente della pornografia e l'apparente successo del "sesso telefonico" sembrano comunque indicare che l'evoluzione sia iniziata.

1.3. *La funzione della nuova scuola di massa*

Negli ultimi decenni la scuola secondaria europea, seguendo il modello americano, si è democratizzata, nel senso che è divenuta quasi ovunque interamente obbligatoria e gratuita. Anche in Italia, dove tuttora una parte rilevante della popolazione scolastica termina la frequenza subito dopo i quattordici anni (e spesso anche prima), gli studenti delle scuole superiori rappresentano comunque una grossa fetta della popolazione coetanea. La "democratizzazione" è consistita però in un fenomeno molto diverso da quello auspicato dai riformatori e ancora ritenuto da molti.

La vecchia scuola superiore si rivolgeva ai membri delle classi più elevate e preparava dirigenti e tecnici di alto livello. L'estrema rarefazione di queste due categorie, provocata dalla concentrazione del potere e delle competenze, ha privato la scuola, in larga misura, della sua funzione tradizionale, rendendone inevitabile la trasformazione in scuola di massa. Le masse sono state cioè accolte nelle scuole superiori appena queste hanno smesso di costituire un ambìto strumento di promozione sociale. La contestazione studentesca degli anni sessanta può probabilmente essere spiegata, almeno in parte, con la confusa coscienza degli studenti di non potere più aspirare a diventare una vera classe dirigente. Certamente la spinta alla democratizzazione delle istituzioni scolastiche non poteva incontrare alcuna resistenza una volta che la scuola superiore aveva perduto la funzione originaria di formare l'élite.

La grande maggioranza degli studenti della nuova scuola finirà semplicemente con l'assumere l'uno o l'altro degli infiniti ruoli di mediazione tra produzione e consumo nati per alimentare il mercato distribuendo in rivoli minimi parte della ricchezza che sgorga da poche sorgenti lontane e inaccessibili. Le capacità e le competenze richieste per tali ruoli sono minime e diminuiscono di anno in anno. Le continue ondate di innovazione tecnologica, che immettono nel mercato prodotti sempre nuovi, spesso basati su tecnologie raffinate, richiedono in compenso masse di consumatori "evoluti", attenti cioè alle novità, capaci di mutare continuamente le abitudini di consumo, abbastanza "colti" per recepire rapidamente i messaggi pubblicitari e leggere manuali di istruzioni, ansiosi di superare l'amico e il vicino nella rapidità di acquisto dei prodotti dell'ultima generazione, consumando in rapida successione i prodotti lanciati via via sul mercato. In definitiva la nuova produzione, concentrata e automatizzata, richiede più conoscenze ai suoi clienti che ai suoi dipendenti. La nuova scuola deve quindi preparare soprattutto consumatori, oltre che contribuenti ed elettori. Queste figure, a differenza dei tecnici e dei dirigenti, possono ignorare i processi produttivi e, tanto più, fare a meno di qualunque tipo di cultura generale.

Una scuola con la funzione di avviare al consumo deve differire profondamente dal vecchio modello di scuola. L'avvenire degli studenti che interessa il nuovo tipo di istituzione scolastica non è più il futuro lavoro, ma la futura organizzazione del tempo libero. È chiaro che deve trattarsi di una scuola di massa, in quanto non deve trascurare alcun settore del mercato, ma qualificarla per questo necessariamente "democratica" richiede una notevole dose di ottimismo. Una tale scuola dovrà fornire educazione stradale, sanitaria, sessuale, alimentare, fiscale e così via: dovrà cioè fornire una serie di prescrizioni alle quali il futuro cittadino-consumatore dovrà attenersi nei vari momenti dell'esistenza. Dovrà insegnare a leggere una bolletta e un estratto conto, a compilare la dichiarazione dei redditi e a rispondere ai questionari delle inchieste di mercato, ma non dovrà richiedere sforzi intellettuali considerati faticosi, superflui e forse pericolosi. Probabilmente la scuola attuale (perfino quella italiana, nonostante i suoi tanti "ritardi") raggiunge abbastanza bene lo scopo.

1.4. *La scuola delle "istruzioni per l'uso"*

I nuovi fini della scuola di massa possono essere conseguiti solo mediante una profonda trasformazione dei contenuti e dei metodi didattici. Gli strumenti concettuali teorici, considerati ormai troppo difficili, sono eliminati dall'insegnamento, che viene ridotto alla descrizione di meri "fatti" e a elenchi di prescrizioni.

Anche una scienza come la fisica può essere presentata come un semplice insieme di "fatti", se si trascurano completamente la struttura della teoria, l'ideazione degli esperimenti e i complessi rapporti tra teoria e dati sperimentali. Lo studente può allora sentire raccontare come evolvono le stelle, come sono strutturati gli atomi o come è nato l'universo, ignorando totalmente sia le relative teorie sia i fenomeni da esse spiegati, come ascolterebbe delle leggende, senza ricevere alcun elemento del metodo scientifico. Non è importante, del resto, che ricordi con precisione i racconti. Basta che capisca che la scienza è qualcosa di importante e misterioso, molto lontano dalla sua capacità di comprensione, e che da essa sgorgano tanti miracolosi prodotti tecnologici che possono allietargli l'esistenza.

La seconda categoria di contenuti dell'insegnamento, quella delle prescrizioni, è modellata sulle prescrizioni per l'uso dei farmaci o sui manuali di istruzione degli elettrodomestici. Un potente strumento di diffusione di questo tipo di insegnamento è venuto dal mondo dell'informatica, sia per la complessità dei manuali per l'utente forniti agli acquirenti di un computer o di un programma, sia per l'estendersi a macchia d'olio di tale metodo prima ai manuali di programmazione e poi, via via, alle altre materie in contatto più o meno stretto con l'informatica, sia infine per la funzione trainante svolta nel campo informatico dagli americani, che hanno avuto un ruolo pilota anche nella deconcettualizzazione dell'insegnamento.

La trasformazione in senso "prescrittivo" degli insegnamenti scientifici ha riguardato in modo particolare, finora, le scienze naturali e biologiche. Ad esempio l'ecologia, che in sé è un'onesta disciplina scientifica, ha ottenuto un notevole spazio nella scuola secondaria in quanto la si è considerata suscettibile di trasformarsi in "educazione ambientale", cioè in una serie di norme riguardanti il comportamento corretto da seguire nello smaltimento dei rifiuti e in altre attività quotidiane. Analogamente il vecchio insegnamento di fisiologia umana tende a essere sostituito da educazione sanitaria, norme di igiene personale, educazione sessuale, educazione alimentare e così via.

Naturalmente la scuola è stata sempre interessata alle applicazioni pratiche delle conoscenze. Il compito principale della "vecchia" scuola superiore era però quello di fornire strumenti intellettuali utili per risolvere problemi e non un insieme di soluzioni già pronte. Non a caso si trattava di una scuola che si rivolgeva a chi avrebbe dovuto prendere delle decisioni e non a futuri esecutori e consumatori passivi.

A volte anche nella nuova scuola qualcuno sceglie di insegnare degli argomenti che richiedono l'uso di strumenti concettuali. Supponiamo di dover trattare in un manuale un argomento complesso, ad esempio di genetica. Come farlo rivolgendosi a studenti abituati a vedere soprattutto figure e a leggere al più un foglio di istruzioni? Occorre usare vari accorgimenti. Innanzitutto il sapere da trasmettere va diviso in "pillole", la cui dimensione non deve superare una "videata" di computer (o il contenuto di una lavagna luminosa). In secondo luogo l'informazione va tradotta, per quanto possibile, in figure con brevi didascalie. Inoltre il testo deve essere completato da brevi messaggi (evidenziati come tali dal colore, dalle dimensioni e spesso dal nome stesso di "messaggi") contenenti le "istruzioni per l'uso" del testo stesso: i messaggi prescrivono, ad esempio, quando riguardare la pagina precedente, quando memorizzare una data parola, e così via. Tutto ciò non elimina però del tutto la necessità di effettuare delle semplici connessioni logiche. Per tentare di portare a questo risultato il "nuovo" studente occorre sostituire la connessione logica stessa con una figura. A questo scopo sono state ideate le cosiddette "mappe concettuali", cioè degli schemini che rappresentano in forma concreta i legami logici tra i concetti usando frecce colorate tra i termini corrispondenti.[1] Per la verità schemini simili erano stati sempre usati, ma una volta gli studenti se li facevano da soli; ora non ne sono più ritenuti capaci e si pensa di dover fornire loro o disegnini già eseguiti, da memorizzare come surrogato della comprensione, o quanto meno una lunga serie di "istruzioni per l'uso" da osservare nel disegnare le freccette.

1.5. *Irrilevanza dei contenuti e fine della selezione*

Come abbiamo visto, per creare la nuova scuola per consumatori occorre portare a compimento un processo di "deconcettualizzazione", eliminando dall'insegnamento gli strumenti intellettuali tradizionali, basati sull'uso di concetti teorici. La scuola secondaria, seguendo la direzione già indicata in Italia dalla scuola media, via via che si trasforma in scuola obbligatoria, tende a divenire un generico luogo di socializzazione, in cui gli studenti sono in larga misura liberi di scegliere i contenuti delle attività scolastiche. Questi aspetti apparentemente democratici coesistono significativamente con il peso crescente degli insegnamenti prescrittivi.

Naturalmente la scuola per consumatori non ha bisogno di insegnanti con particolari competenze spe-

[1] Nello scrivere questa descrizione ho davanti a me un libro: A.J.F. Griffiths, J.H. Miller, D.T. Suzuki, R.C. Lewontin, W. Gelbart, *An Introduction to Genetic Analysis*, New York 1993[5]. Pur trattandosi di un trattato universitario il metodo di esposizione è quello descritto.

cifiche, giacché i contenuti sono largamente intercambiabili e possono anche essere scelti dagli studenti stessi, come accade in genere negli Stati Uniti, dove quasi tutti gli insegnamenti sono opzionali, e come ci siamo preparati a fare in Italia organizzando le periodiche "autogestioni" degli studenti.

Inoltre il processo di automazione del terziario inizia a coinvolgere anche la scuola. Le funzioni tradizionali degli insegnanti tendono a essere svuotate da tecnologie didattiche centralizzate e impersonali, grazie a lezioni televisive, videocassette, "ipertesti interattivi" e altri prodotti "multimediali". Le attuali tecnologie, permettendo sia una percezione più ricca e piacevole di "fatti", sia una maggiore autorevolezza nell'impartire insegnamenti prescrittivi, sono in effetti insuperabili nella comunicazione unidirezionale e acritica caratteristica della nuova scuola per consumatori. L'uso massiccio di tali strumenti nella scuola fornisce d'altra parte anche un apprezzato contributo all'avviamento al consumo tecnologico.

Alla nuova scuola non occorrono esperti di fisica, letteratura, filosofia o storia dell'arte. Una volta completata la trasformazione, basteranno dei generici "operatori scolastici", con una preparazione essenzialmente socio-pedagogica, che svolgano la funzione di intrattenitori e animatori, accogliendo gli studenti nelle strutture scolastiche, stimolandone la socializzazione e accompagnandoli e guidandoli nella fruizione dei media. Naturalmente via via che procede la trasformazione degli insegnanti nelle nuove figure il loro prestigio sociale diminuisce, di pari passo con i loro stipendi.

Quanto agli intellettuali ai quali affidare le scelte di indirizzo culturale e la formulazione dei programmi, non saranno più letterati, matematici o filosofi (come accadeva al tempo di Francesco De Sanctis, Luigi Cremona o Benedetto Croce), ma degli "specialisti di scuola" scelti preferibilmente tra sociologi, pedagogisti o, ancora meglio, esperti di media. Non avendo più contenuti da comunicare, la scuola non può che essere progettata e indirizzata da chi è esperto nelle forme della comunicazione, dagli studiosi di semiotica agli esperti in tecnologie multimediali.[2]

Non è necessario dire che selezionare gli studenti della nuova scuola non avrebbe più senso che selezionare i clienti di un supermercato. Come nel caso del supermercato l'unica selezione ammissibile è quella che elimina i taccheggiatori, analogamente nella nuova scuola, che non prevede l'acquisizione di alcuna competenza, un'eventuale bocciatura può avere il solo significato di una esclusione dalla comunità per qualche grave colpa. È nata così la concezione moralistica delle promozioni, in base alla quale per ottenere un titolo di studio basta l'assenza di gravi colpe o la presenza di circostanze attenuanti.

La nuova scuola si presenta come totalmente democratica, in quanto, sottraendo ogni residua autorità agli insegnanti, si configura come una struttura a immediata e totale disposizione dello studente-cliente. Allo stesso tempo, però, la comunità egualitaria di studenti e insegnanti viene privata di ogni strumento critico verso i veri successori degli antichi insegnanti, presenti all'altro capo delle nuove forme unidirezionali di comunicazione.

La natura della scuola come generico luogo di accoglienza e di socializzazione è stata esplicitamente teorizzata innumerevoli volte.[3] Uno dei compiti principali di una tale scuola è naturalmente l'autopromo-

[2] Sul progressivo svuotarsi dei contenuti dell'insegnamento e sul contemporaneo avvitarsi della didattica su se stessa cfr. Jean-Claude Milner, *De l'école*, 1984 (tr. it., *La scuola nel labirinto*, Armando, Roma 1986) e Giulio Ferroni, *La scuola sospesa*, Einaudi, Torino 1997. Il saggio di Ferroni è stato a mio parere uno dei migliori contributi al dibattito sulla scuola italiana innescato dal progetto di riforma del ministro Berlinguer.

[3] Un solo esempio: P. Romei, *Autonomia e progettualità. La scuola come laboratorio di gestione della complessità sociale*, La Nuova Italia, Firenze 1995.

zione pubblicitaria. Presidi e insegnanti vengono invitati a escogitare iniziative promozionali che migliorino l'"immagine" della propria scuola attirando un maggior numero di studenti-clienti. La concorrenza tra scuole viene stimolata, ma la natura di tale concorrenza viene semplicemente assorbita passivamente dal mondo del marketing.[4] Si cerca, in particolare, di trasformare la professionalità dei presidi modellandola su quella dei dirigenti degli uffici vendite e dei tecnici pubblicitari. Una scuola per la formazione dei consumatori non potrebbe far di meglio.

[4] Cfr. A. Di Gregorio, *La mia scuola lava più bianco*, in Res. *Cose d'oggi a scuola*, VI, 11, febbraio 1996, pp.19-23.

2. L'insegnamento scientifico

2.1. *Un esempio importante: la geometria*

Per illustrare le tendenze seguite dall'insegnamento scientifico nelle scuole secondarie è particolarmente illuminante considerare l'evoluzione della didattica della geometria. Per molti secoli la geometria è stata infatti considerata la base stessa della scienza, oltre che del suo insegnamento. Ricordiamo che Spinoza credette di essere riuscito a dare una struttura rigorosa alla morale scrivendo la sua *Ethica more geometrico demonstrata* (*Etica dimostrata secondo l'uso geometrico*). Il metodo dimostrativo, che era nato in Grecia nella geometria, continuava evidentemente a trovare nella geometria il modello di ogni altra possibile applicazione. Quando Marvin Minsky, nel 1956, cominciò a occuparsi di procedimenti automatici di dimostrazione (fornendo così uno dei principali punti di partenza agli studi sull'"Intelligenza Artificiale", di cui è considerato uno dei fondatori), per prima cosa rilesse gli *Elementi* di Euclide e applicò la sua idea alla dimostrazione di alcuni dei teoremi del primo libro.[1] L'Intelligenza Artificiale è nata quindi non solo assumendo la capacità di dimostrare teoremi come elemento essenziale dell'intelligenza e la geometria come palestra naturale del metodo dimostrativo, ma anche basandosi sulla lettura diretta degli

[1] Cfr. J. Bernstein, *Uomini e macchine intelligenti*, Adelphi, Milano 1990, pp. 57 sgg.

Elementi, il cui testo era rimasto il fondamento dello studio della geometria. Va però notato che già nel 1956 la lettura degli *Elementi* era riservata a intellettuali come Minsky, poiché nelle scuole secondarie il testo di Euclide era stato sostituito sin dalla fine dell'Ottocento da manuali moderni, che si limitavano tuttavia a introdurre variazioni secondarie al testo originale.[2]

La geometria euclidea ha svolto una funzione essenziale nell'insegnamento scientifico per il suo uso del metodo dimostrativo, cioè perché consiste in "teoremi", ma anche e soprattutto per l'evidenza della sua natura di "modello" di situazioni concrete facilmente rappresentabili. È evidente infatti che i punti, i segmenti, i triangoli e gli altri enti di cui si occupa un manuale di geometria non sono oggetti concreti, ma è altrettanto evidente che la possibilità di disegnare delle figure concrete, che "approssimano" quelle ideali oggetto della matematica, fornisce un grande aiuto all'intuizione e una chiave essenziale per le applicazioni della teoria. Studiando la geometria euclidea ci si abitua quindi (è questo il punto essenziale!) a usare "enti teorici", analizzabili con rigore, per descrivere utilmente oggetti concreti, senza confondere gli uni con gli altri.

Nel secondo dopoguerra l'insegnamento della geometria razionale entrò in crisi sotto l'azione di un duplice attacco. Molti sostennero che il metodo dimostrativo fosse troppo difficile per i ragazzi delle scuole secondarie, che rischiavano di memorizzare inutilmente discorsi astratti senza comprendere completamente la "verità fisica" delle affermazioni dimostrate. Questi critici suggerirono di limitarsi a verifiche empiriche, studiando la "matematica pratica". Ad esem-

[2] La polemica tra i sostenitori dell'uso diretto nelle scuole del testo di Euclide e gli innovatori fu vivace in tutta Europa. In Inghilterra tra i sostenitori della tradizione vi fu Lewis Carroll (il matematico famoso come autore di *Alice nel paese delle meraviglie*), che sulla questione scrisse un interessante lavoro, nel quale il personaggio di Euclide difende le proprie scelte polemizzando contro i presunti miglioramenti introdotti nei manuali moderni (*Euclid and His Modern Rivals*, 1879)

pio, invece di dimostrare sulla base dei postulati euclidei che in un triangolo ogni lato è più corto della somma degli altri due, ci si può limitare a dare ai ragazzi dei bastoncini e far loro verificare che se un bastoncino è più lungo della somma degli altri due non è possibile "chiudere" un triangolo.

La seconda critica fu di segno opposto e venne da chi accusava la geometria classica di essere troppo legata alle percezioni visive e tattili, trascurando in particolare quei sistemi di postulati alternativi a quello classico introdotti dalle geometrie non euclidee. Si sostenne che nella scuola fosse meglio rinunziare all'intuizione visiva, insegnando a effettuare deduzioni formali all'interno di teorie astratte molto generali.

La prima direzione fu la più seguita nei paesi anglosassoni, dove si rinunziò quasi ovunque a insegnare nelle scuole secondarie il metodo dimostrativo. La seconda direzione fu invece propugnata in particolare dal gruppo di matematici francesi che si raccolse sotto lo pseudonimo di Nicolas Bourbaki e si impose rapidamente in Francia. È rimasta famosa l'invettiva "abbasso Euclide!" di uno dei principali animatori del gruppo, Jean Dieudonné, che divenne quasi uno slogan della nuova didattica.

In ambedue i casi, rinunziando a uno dei due elementi essenziali, veniva disgregato nell'insegnamento scolastico quel doppio binario astratto-concreto che aveva costituito l'essenza della scienza esatta sin dalla sua nascita.

In Italia, che è stata la patria di una scuola di geometria di grande valore, tenutasi saldamente nella tradizione classica,[3] l'insegnamento della geometria razionale è sopravvissuto finora. Nella formulazione dei programmi e nella tradizione manualistica vi sono stati però

[3] Federigo Enriques (che prima che filosofo e storico della scienza fu un esponente di spicco della scuola geometrica italiana) non solo scrisse, con Ugo Amaldi, un manuale di geometria per le scuole secondarie, di impostazione classica, ma pubblicò anche, con vari collaboratori, una traduzione commentata degli *Elementi* di Euclide.

vari ondeggiamenti, prima nella direzione "bourbakista" e più recentemente, quando il vento americano ha cominciato a prevalere anche in matematica su quello francese, nella direzione opposta. L'ondata bourbakista provocò per la verità in Italia pochi danni, essendo arrivata ritardata e smorzata; si trattò solo di un'infatuazione superficiale di "insiemistica" e si ridusse nella maggior parte dei casi a premettere ai manuali un capitoletto di teoria degli insiemi, poco letto e con scarse relazioni con il resto del programma.

La tendenza attuale sembra molto più pericolosa, consistendo in una lenta disgregazione del metodo ipotetico-deduttivo attuata, con vari sistemi, nell'ambito di una concezione eclettica che evita scelte nette. Volendo sintetizzare si può dire che l'insegnamento della geometria razionale si trova oggi in Italia in uno stato di pre-liquidazione. Può sembrare una questione poco rilevante in sé, ma bisognerebbe essere consapevoli che, in mancanza di plausibili alternative, con la geometria razionale sarebbe espulso dalla scuola secondaria (come è già avvenuto negli Stati Uniti e in molti altri paesi) il concetto di dimostrazione e quindi uno dei cardini della tradizione scientifica. Per chi fosse interessato alla questione inserisco una breve digressione tecnica, con un esempio che mi sembra particolarmente importante.

Nei "programmi Brocca" per il biennio dell'indirizzo scientifico (usati da diversi anni in molte scuole) sono inclusi, tra gli altri, i seguenti tre argomenti:

- piano euclideo e sue trasformazioni isometriche
- piano cartesiano, retta, parabola, iperbole equilatera
- introduzione intuitiva dei numeri reali.

Nel "commento ai singoli temi" è poi scritto che, nello studio della geometria, "è [...] necessario che ogni ipotesi o ammissione cui si fa ricorso sia chiaramente riconosciuta e formulata in modo esplicito".

Si riconosce quindi l'importanza del metodo ipotetico-deduttivo, ovvero dimostrativo, in geometria, escludendo presentazioni puramente "intuitive" dei suoi temi. I numeri reali debbono invece essere presentati solo in modo "intuitivo" (l'argomento non viene infatti più ripreso dopo l'"introduzione intuitiva"). Dobbiamo dedurne che mentre la geometria deve essere studiata con il metodo ipotetico-deduttivo, lo stesso metodo deve essere evitato nel caso dei numeri reali. I numeri reali sono però purtroppo essenziali per definire il "piano cartesiano" (che non è altro che l'insieme delle coppie ordinate di numeri reali).[4] Gli studenti dovranno quindi usare contemporaneamente due enti teorici con lo stesso nome di "piano": l'uno, erede della tradizione classica, è oggetto di una scienza dimostrativa; l'altro deve invece essere usato per esercizi numerici all'interno di un quadro puramente "intuitivo". Il risultato di questa impostazione eclettica (ben poco intuitiva) è facilmente descrivibile. Molti degli insegnanti, invece di alternare i due diversi concetti di "piano", preferiscono ridurre a dei brevi cenni lo studio del "piano euclideo", in quanto lo considerano sostanzialmente un doppione di quello cartesiano, che ha il vantaggio di prestarsi a una trattazione che oggi appare più semplice. Le dimostrazioni "analitiche" (effettuate nel "piano cartesiano" con l'ausilio dei numeri forniti dalle coordinate) permettono infatti di sostituire i ragionamenti con dei calcoli e, tra l'altro, sono le uniche richieste all'esame di maturità. Quanto al dettaglio che i numeri reali sono stati introdotti solo "intuitivamente", esso viene presto dimenticato come una pignoleria senza importanza. Il

[4] Se per "piano cartesiano" si intende un "piano euclideo" equipaggiato con un sistema di coordinate le cose non cambiano, poiché tali coordinate non possono essere altro che numeri reali.

"numero reale" viene infatti considerato un'entità la cui esistenza è evidente proprio in quanto si tratta della coordinata di un punto del "piano euclideo" (o ascissa di un punto della "retta euclidea"). In questo modo invece di scegliere tra il metodo sintetico euclideo e quello analitico cartesiano si appoggia la geometria cartesiana a quella euclidea e viceversa, evitando la fatica di dover trattare quello che in ambedue i casi costituisce il fondamento di tutta la struttura: la teoria delle grandezze euclidee o, nell'altro linguaggio, quella dei numeri reali. La maggioranza degli attuali laureati in matematica non si è accorta del trucco neppure all'università.

I membri della commissione Brocca, credendo di bilanciare impostazioni alternative con compromessi eclettici, hanno di fatto eliminato uno dei capisaldi dell'insegnamento matematico, minando alla base il metodo ipotetico-deduttivo sia nell'insegnamento della geometria sia in quello dei numeri reali. Va detto tuttavia che in questo modo non hanno fatto altro che seguire un indirizzo largamente diffuso a livello internazionale.

Qualunque docente universitario di materie scientifiche con sufficiente anzianità ha verificato che il livello medio delle conoscenze matematiche di chi si iscrive all'università è crollato negli ultimi decenni. Neppure trent'anni fa la scuola secondaria italiana forniva una buona cultura matematica. Alcune idee fondamentali, come quella di dimostrazione, vi erano però in genere assorbite. Grazie all'antica geometria euclidea, allora studiata sistematicamente in tutti i licei, alcuni studenti più fortunati si esercitavano sin dall'età di quattordici anni a dimostrare teoremi; a tutti gli altri, che si limitavano a ripetere le dimostrazioni riportate sul manuale, diveniva se non altro familiare la natura del metodo dimostrativo. Inoltre gli studenti ricevevano (insieme a molta zavorra) alcune altre nozioni abbastanza chiare: si forniva loro, ad esempio, una complessa ma corretta definizione di numero reale. Oggi gli studenti si iscrivono anche a facoltà scientifiche ignorando spesso la differenza tra un postulato e un teorema e non conoscendo quasi mai una definizione di numero reale.

Il crollo delle conoscenze matematiche (che del resto, come vedremo, è un fenomeno generale del mondo occidentale) non è imputabile che in minima misura alla commissione Brocca. Tra le varie cause (quali l'abbassamento del livello della scuola dell'obbligo e il diffondersi di sperimentazioni in cui lo studio della matematica viene compresso a favore dell'informatica) un elemento particolarmente importante è stato la diffusione, in varie forme, della "matematica pratica" di cui abbiamo già parlato. Le sostituzioni di segmenti con bastoncini cominciano ad avere effetto, convincendo gli studenti dell'inutilità degli enti teorici. Ho rabbrividito ascoltando, da uno studente dell'Università "La Sapienza" di Roma, l'argomento che la geometria è falsa poiché non esistono veri segmenti, in quanto tutto ha uno spessore. L'argomento non mi è giunto nuovo: l'avevo già letto nelle opere di Sesto Empirico; allora la razionalità scientifica stava per essere abbandonata per una quindicina di secoli. Un grave indizio del crescente discredito verso il metodo dimostrativo è fornito dal gergo giornalistico, nel quale il termine "teorema" ha ormai assunto una forte connotazione dispregiativa.

È abbastanza buffo che i metodi della "matematica pratica" siano spesso presentati come particolarmente moderni. Può essere certo didatticamente utile mostrare mediante travasi di acqua colorata l'equivalenza tra il quadrato costruito sull'ipotenusa e l'unione dei quadrati costruiti sui cateti (come avviene, ad esempio, al museo della scienza di "La Villette" di Parigi o alla "Città della scienza" di Napoli), ma se si pensa di avere esaurito in questo modo l'argomento, rinunziando alla dimostrazione del teorema di Pitagora, non si fa altro che tornare al metodo usato dagli scribi paleo-babilonesi prima dell'introduzione del metodo dimostrativo, quando l'equivalenza tra il quadrato costruito sull'ipotenusa e i due quadrati costruiti sui cateti era appunto nota solo in base ad argomenti empirici.

2.2. *Fisica classica e fisica moderna*

> Io penso di poter affermare con sicurezza che nessuno capisce la meccanica quantistica.
>
> RICHARD FEYNMAN

L'arretratezza è probabilmente il difetto più comunemente temuto nei programmi scolastici. La diffusa esigenza di non rimanere indietro rispetto ai mutamenti tecnologici sempre più rapidi della nostra epoca produce un forte stimolo ad aggiornare continuamente programmi e manuali. Questo processo, che comprensibilmente tende a penalizzare argomenti come la storia antica o le lingue morte, dovrebbe favorire lo studio della fisica, che svolge un ruolo palesemente essenziale nell'attuale sviluppo tecnologico. E in effetti anche nella scuola italiana, che tradizionalmente gli dedicava poco spazio, l'insegnamento della fisica è stato apparentemente potenziato, in particolare estendendone, in varie "sperimentazioni", lo studio nei licei a tutto il quinquennio, mentre i programmi tradizionali lo prevedono solo nell'arco di due o tre anni (nel caso rispettivamente del liceo classico e del liceo scientifico).

L'insegnamento della fisica nella scuola secondaria pone però dei grossi problemi. La fisica, come la geometria, procede su un doppio binario: concreto e astratto. Il livello concreto è costituito dai fenomeni e dagli esperimenti, mentre il livello astratto è rappresentato dalle teorie elaborate per descriverli e prevederli. Ogni teoria fornisce il modello di una particolare classe di fenomeni. Se si è interessati all'equilibrio dei corpi galleggianti si può ancora usare la teoria elaborata da Archimede ventitré secoli fa, mentre per progettare una radio bisogna usare teorie elettromagnetiche risalenti alla fine dell'Ottocento. Negli ultimi secoli, e in particolare nel Novecento, sono state introdotte teorie sempre più elaborate, anche dal punto di vista matematico, per spiegare i risultati di esperimenti sempre più complessi, eseguibili solo con apparecchi raffinati, progettati sulla base di altre teorie. È evidente che la complessa costruzione che ne risulta non può essere impunemente capovolta. Non si può cioè cominciare a insegnare la fisica partendo dai risultati ultimi, né a essi si può arrivare troppo rapidamente. Se si sceglie di limitare l'insegnamento scolastico ad argomenti semplici, completamente comprensibili, si possono spiegare molti fenomeni naturali direttamente accessibili ai ragazzi. Una tale scelta avrebbe però un difetto: l'insegnamento rimarrebbe quasi privo di connessioni non solo con la ricerca fisica recente, che fornisce il materiale alla divulgazione diffusa dai media (il che personalmente non mi parrebbe un gran danno) ma anche con la tecnologia usata dai ragazzi quotidianamente. Rimarrebbe certamente insoddisfatta quell'"ansia di contemporaneità" che costituisce per molti la principale motivazione della scelta di potenziare l'insegnamento della fisica.

La scelta non è facile ed è stata alquanto dibattuta. In particolare in Italia si è discussa a lungo, soprattutto negli anni ottanta, l'opportunità o meno di introdurre nella scuola secondaria l'insegnamento della meccanica quantistica, che presenta enormi difficoltà non solo formali, ma anche concettuali (delle quali la citazione di Feynman riportata all'inizio del paragrafo è un'autorevole testimonianza).[5] Hanno finito col prevalere gli "innovatori" e la meccanica quantistica, insieme a molti altri argomenti di fisica moderna, ha ricevuto un notevole spazio nei manuali. Per mostrare quanto sia ormai "aggiornato" l'insegnamento scientifico nelle scuole secondarie italiane userò due esempi tratti da uno dei più diffusi manuali in commercio: il Caforio-Ferilli.[6]

Le pagine 413-415 sono dedicate agli esperimenti di qualche anno fa sulla "fusione fredda", si basano su *preprint* (citano cioè lavori non ancora pubblicati) e contengono anche un resoconto della presunta "via italiana" alla stessa fusione fredda. Il testo stesso precisa opportunamente che si tratta di risultati "fantomatici", ma evidentemente i manuali scolastici debbono ormai seguire una logica non troppo lontana da quella dei settimanali scandalistici; anche le "bufale" vanno riportate, pur di non apparire meno aggiornati della concorrenza.

A pagina 398 dello stesso manuale la legge esponenziale è invece introdotta con le parole: "come si potrebbe ricavare mediante il calcolo integrale...".

La semplice deduzione della legge esponenziale, che risale all'inizio dell'età moderna ed è uno strumento fondamentale per descrivere moltissimi fenomeni (tra l'altro è indispensabile per fornire basi concettuali solide ai diffusi argomenti sui "limiti dello sviluppo") è quindi ancora troppo complessa per entrare nel nostro manuale, che trova invece spazio sia per la meccanica quantistica (considerata incomprensibile persino da Feynman) sia per la fusione fredda, che

[5] R.P. Feynman è stato uno dei massimi fisici del Novecento. Sono convinto che un'analisi del suo atteggiamento filosofico (implicito, ma coerente) autorevolmente diffuso attraverso i suoi scritti, sia scientifici che divulgativi, sarebbe molto utile per la storia dell'epistemologia contemporanea.

[6] Antonio Caforio, Aldo Ferilli, *Dalla meccanica alla costituzione della materia*, Le Monnier, Firenze 1996, vol. 2. Uso l'edizione per il liceo classico.

pure è giustamente qualificata "presunta" e "fantomatica".

Non si tratta di limiti del manuale. La deduzione della legge esponenziale effettivamente esulerebbe dai programmi. Come possono allora essere introdotte teorie infinitamente più difficili? La soluzione consiste nel rinunziare alle teorie, descrivendo apparentemente solo i "fatti" da esse spiegati. Sembra quindi che anche in questo caso, come avevamo visto per la geometria, il metodo scientifico scompaia dall'insegnamento, grazie alla sottrazione di uno dei due termini (concreto-astratto o teoria-esperimento) il cui rapporto caratterizza la scienza. In realtà accade anche di peggio, poiché i due elementi scompaiono entrambi. Quelli descritti non sono infatti veri "fenomeni", in quanto agli studenti non possono essere mostrati quark, salti quantici o un Big Bang (per usare solo alcuni dei tanti termini che infarciscono gli attuali manuali).[7] Si deve quindi rinunciare sia a effettuare gli esperimenti che a studiare le teorie; ciò che resta è solo una serie di termini usati per denotare entità presentate come oggetti concreti ma inaccessibili allo studente, la cui esistenza deve essere accettata sulla base dell'autorità degli "iniziati" in grado di entrare in contatto con essi. Neutrini, quasar e buchi neri finiscono così con lo svolgere un ruolo per certi versi analogo a quello svolto in altre culture da ninfe o folletti. In compenso la fenomenologia quotidianamente accessibile allo studente resta priva di qualsiasi spiega-

[7] Chi crede di poter mostrare realmente in classe un "salto quantico" (cfr., ad esempio, Elio Fabri, *Come introdurre la fisica quantistica nella scuola secondaria superiore*, nota interna del Dipartimento di fisica dell'Università di Pisa, dicembre 1993) in realtà pensa a un esperimento del quale si può dare un'*interpretazione* in termini di "salti quantici". Agli studenti si potrebbero mostrare effettivamente solo le posizioni di alcuni indici di apparecchi di misura, di cui conoscono approssimativamente il funzionamento, in condizioni da loro non controllabili. L'articolo di Fabri è interessante anche per l'esplicito invito a ridurre l'insegnamento secondario della meccanica quantistica all'esposizione di una serie di "fatti".

zione scientifica, giacché le teorie necessarie a questo scopo, che sono quasi sempre quelle della vecchia "fisica classica", non sono abbastanza studiate. Quanti studenti saprebbero descrivere veramente le basi sperimentali o osservative, non dico delle teorie moderne accennate precedentemente, ma anche solo della teoria atomica o dell'eliocentrismo?[8]

Per giudicare come si sono modificate le conoscenze di fisica negli anni in cui si è concentrato l'aggiornamento dei programmi può essere significativo riportare il risultato di un "test d'ingresso" cui sono stati sottoposti due volte, nel 1987 e nel 1994, gli studenti dell'Università di Roma "La Sapienza" iscritti al primo anno dei corsi di laurea in fisica e in scienze biologiche. I quesiti proposti riguardavano semplici questioni di fisica classica ed erano alla portata di chiunque possedesse nozioni quali il principio d'inerzia, la conservazione dell'energia o la legge di gravitazione; in ogni caso non era richiesta alcuna conoscenza non inclusa nei programmi delle scuole secondarie. Le 338 matricole del corso di laurea in fisica che si prestarono all'esperimento nel 1987 risposero correttamente solo nel 43% dei casi. Va ricordato che si trattava degli studenti del glorioso dipartimento erede della scuola di Enrico Fermi. Le matricole di biologia riuscirono a far di peggio, rispondendo correttamente nel 32% dei casi. Gli stessi quesiti sono stati riproposti a 250 matricole di fisica nel 1994, ottenendo il 26% di risposte corrette.[9] Evidentemente in sette anni il livello

[8] L'eliocentrismo nacque, nel III secolo a.C., per spiegare il fenomeno delle retrogradazioni planetarie, ben noto nell'antichità, quando era usuale osservare il cielo di notte. Quanti studenti di oggi ne sanno qualcosa?

[9] Questi dati sono riportati da Andrea Frova (il professore che ha effettuato l'esperimento) nel suo libretto *Perché accade ciò che accade*, Rizzoli, Milano 1995. Il libro di Frova costituisce un raro esempio di seria divulgazione, essendo coraggiosamente dedicato all'uso della fisica nella spiegazione di quei fenomeni della vita di ogni giorno che spesso manuali scolastici e divulgatori trascurano a vantaggio della "fisica di *Star Trek*".

delle conoscenze di fisica degli studenti liceali, che già era basso, è crollato. Si può pensare, d'altra parte, che i nuovi studenti posseggano una preparazione del tutto adeguata al ruolo di consumatori ai quali la nuova scuola li ha preparati. Le loro conoscenze di fisica sarebbero state certo insufficienti per formare un radioriparatore o un meccanico di cinquant'anni fa, ma il contenuto degli attuali manuali di fisica ha probabilmente fornito loro informazioni sufficienti per renderli degli ottimi e aggiornatissimi utilizzatori di videogiochi e spettatori di *Star Trek*.

2.3. *Relativismo culturale e razionalità scientifica*

La tendenza a rinunziare a trasmettere il metodo scientifico nelle scuole secondarie, limitandosi a informare su aspetti esteriori, soprattutto terminologici, della scienza contemporanea mediante una "divulgazione" superficiale, ha forse per principale scopo, ma certo come principale effetto, l'indurre un atteggiamento di reverente ammirazione per la scienza proprio in quanto è ritenuta incomprensibile. Si fornisce così un poderoso aiuto alla diffusione dell'irrazionalismo. Molte forze spingono nella stessa direzione. Lo "studio" (si fa per dire) della meccanica quantistica nelle scuole secondarie ha avuto un ruolo molto importante, in quanto l'unica conoscenza realmente trasmessa su questo argomento è proprio la natura "paradossale" e incomprensibile della teoria. Qualche effetto nella stessa direzione ha avuto anche la divulgazione sulle geometrie non euclidee. In questo caso si tratta di teorie scientifiche (di grande importanza) senza problemi concettuali aperti. Nelle scuole secondarie e in gran parte della divulgazione viene però trasmessa soprattutto la nozione che la geometria "familiare", quella che si può vedere e intuire, è falsa, per ragioni che non si possono capire. Si offre così un'altra prova di come la scienza sia "misteriosa". In questi casi, come in altri (un esempio significativo è offerto dal recente martellamento dei media sulla cosiddetta "teoria della complessità") l'intenzione sembrerebbe quella di usare il mistero per affascinare i giovani, e più in generale i profani, attirandoli verso la scienza. Purtroppo questo tipo di fascino esercita sì una notevole attrazione, ma proprio in senso opposto. Una cosa è il desiderio di svelare dei misteri. Altra cosa, ben diversa, è la passione per il mistero in sé, *in quanto* non svelabile. Questo secondo atteggiamento, grazie anche alla natura di gran parte della divulgazione, ma soprattutto al minore sforzo intellettuale richiesto, è sempre più diffuso.

Facciamo un esempio: il settimanale di divulgazione scientifica "Newton" (che viene diffuso anche in abbinamento al "Corriere della sera" e alla "Gazzetta dello sport") ha pubblicato recentemente un articolo sulla teoria della relatività a firma di Nicola Cabibbo (un fisico la cui competenza è fuori discussione). L'esposizione è divisa in varie sezioni, delle quali due hanno i titoli: *La formula magica:* $E = mc^2$; *L'enigma dei buchi neri*.

Il titolista di "Newton" pensa evidentemente che sia suo compito attirare l'interesse dei profani verso la scienza sottolineando il carattere *enigmatico* e *magico* dei suoi risultati. Si tratta di un'idea talmente diffusa nella divulgazione scientifica da essere considerata in genere un'ovvia regola del mestiere, ma che merita tuttavia un'attenta riflessione. Se si pensa che la formula einsteiniana abbia il difetto di richiedere uno sforzo intellettuale per essere compresa, ma ciononostante possa interessare il lettore della "Gazzetta dello sport" in quanto *magica*, perché lo stesso lettore non dovrebbe preferire il mago Otelma, la cui magia è certamente priva di fastidiosi aspetti concettuali? Non ci si può lamentare se periodici come "Newton" non riescono a vendere quanto le riviste di astrologia.

Non bisogna coltivare l'illusione che le tendenze irrazionalistiche siano solo un ingrediente estraneo, aggiunto alla scienza da giornalisti distratti. Spesso sono gli stessi scienziati a diffonderle. Non è questa la sede per una disamina delle posizioni filosofiche implicite negli sviluppi della fisica teorica del Novecento, ma un'intervista recente a Federico Faggin, il famoso inventore del microprocessore, può esemplificare ciò che intendo dire. Faggin, in un'intervista in cui denuncia le carenze dell'insegnamento scientifico italiano, ha rilasciato la seguente dichiarazione (virgolettata dall'intervistatore):

> ...io credo che il funzionamento del cervello risponda alle leggi della meccanica quantistica, leggi che siamo ben lontani dal comprendere. Un'onda che è anche una particella: cose da pazzi, sembra il mistero della Santissima Trinità. Ma se le neuroscienze non si alleano con la fisica, il rebus non potrà mai essere risolto.[10]

Possiamo innanzitutto immaginare in che senso la formazione scientifica dei nostri studenti sia mutata grazie all'introduzione nei programmi scolastici di argomenti che, secondo l'autorevole parere di Faggin, sembrano "il mistero della Santissima Trinità". D'altra parte Faggin stesso spera che il funzionamento del cervello potrà essere compreso combinando le neuroscienze con delle "cose da pazzi" che siamo ben lontani dal comprendere. Sembra che uno strumento intellettuale sia considerato tanto più affascinante e potente quanto più è confuso e misterioso.

Il confine tra difensori e avversari della razionalità attraversa ormai il mondo della scienza. In particolare ciò implica che la battaglia culturale per la difesa della razionalità nella scuola non può essere delegata a specialisti di particolari discipline, ma deve coin-

[10] "Corriere della sera" del 29.9.1997.

volgere tutti gli intellettuali. L'eccessiva specializzazione, accompagnata dall'indebolimento degli strumenti culturali generali, è allo stesso tempo sia causa ed effetto del degrado della scuola sia una delle principali radici della diffusione dell'irrazionalismo (anche negli ambienti scientifici).

L'irrazionalismo si propaga anche grazie alla diffusione crescente, anche tra studenti e ricercatori di materie scientifiche, dell'idea che la razionalità scientifica "occidentale" sia solo uno dei tanti possibili modi di guardare alla natura, che bisogna assolutamente evitare di privilegiare. Un astrofisico americano era solito iniziare i suoi corsi universitari di astronomia mostrando, con delle analisi statistiche, come le presunte correlazioni tra il carattere di una persona e il suo segno zodiacale siano del tutto immaginarie. Da qualche anno ha dovuto rinunziare a questa introduzione, che suscitava un coro di proteste. Gli studenti ritenevano infatti che non fosse "politicamente corretto" che uno scienziato negasse il valore dell'astrologia senza invitare degli astrologi e fornire loro eguali opportunità di convincere gli studenti.

Dobbiamo scegliere tra la difesa degli aspetti migliori della tradizione culturale occidentale, che includono la razionalità e la tolleranza, e un totale relativismo culturale che dia spazio, con la diffusione dell'irrazionalismo, anche a integralismi e razzismi. Nel primo caso la scuola è essenziale. Nel secondo dobbiamo farne a meno.

3. Informatica e nuove tecnologie

3.1. *La cultura delle immagini*

L'attuale rivoluzione delle tecnologie della comunicazione non può non modificare profondamente l'insegnamento. La crescente sostituzione delle immagini ai testi scritti, che può essere fatta risalire almeno all'invenzione della fotografia e ha portato all'attuale "cultura delle immagini", può essere considerata la prima fase di tale rivoluzione e continua a rappresentarne un aspetto importante. Anche il computer è infatti, in misura crescente, uno strumento usato per vedere immagini, e una parte essenziale della "multimedialità" consiste nella sostituzione del testo scritto con immagini. Tale sostituzione è in atto da tempo nell'insegnamento a ogni livello, non solo attraverso l'uso di "ipertesti" o la ricezione di immagini dalla "rete", dalla televisione o da videocassette, ma anche grazie alla trasformazione dei manuali, costituiti in misura crescente da illustrazioni con brevi didascalie.

Mentre un tempo il "guardare le figure" era considerata per lo più un'attività di livello inferiore rispetto alla lettura, oggi l'uso crescente di immagini è ritenuto un progresso essenziale. La superiorità delle immagini sulla parola scritta viene sostenuta con vari argomenti, dei quali il principale è forse quello del maggior contenuto informativo. Si fa notare che alla lettura di una pagina di testo scritto viene per lo più dedicato più tempo che alla visione di un'illustrazione delle stesse dimensioni, mentre il suo contenuto di informazione è costituito da un numero molto minore di bit. A maggior ragione chi osserva un film riceve una quantità di "informazione" (nel senso tecnico della parola) di gran lunga maggiore di chi usa lo stesso tempo per leggere un libro.

È opportuno smontare con cura ancora una volta questo argomento, a costo di una digressione (quasi) matematica, proprio perché esso viene spesso presentato come un'indiscutibile verità scientifica.[1]

Ricordiamo innanzitutto che l'"informazione" contenuta in un messaggio di qualsiasi genere si misura con il numero di cifre binarie (zero o uno), dette *bit*, che occorrono per memorizzare o trasmettere il messaggio. Qualcuno potrebbe quindi pensare che un'immagine costituita da un milione di puntini, ciascuno dei quali può essere bianco o nero, dovrebbe contenere l'informazione di un milione di bit. È facile capire che non è così. Supponiamo infatti che l'immagine sia costituita da un milione di puntini tutti neri. Si può allora comunicare il contenuto dell'immagine semplicemente trasmettendo il messaggio "tutti neri", che evidentemente richiede un numero molto minore di bit. È chiaro che potrei "sintetizzare" il mio messaggio anche se l'immagine fosse costituita, ad esempio, da un grande quadrato bianco su fondo nero; in questo caso basterebbe comunicare che si tratta di un tale quadrato e darne le coordinate di due vertici opposti. Si capisce quindi perché l'"informazione" di un'immagine non sia definita come il numero dei puntini che la costituiscono (continuiamo a supporre, per semplicità, che si tratti di un'immagine in bianco e nero; il caso di immagini colorate creerebbe solo complicazioni irrilevanti), ma come la lunghezza (misurata in bit) di un messag-

[1] In questo modo, ad esempio, l'argomento è stato più volte presentato in programmi didattici della Rai.

gio che la descriva nel modo più sintetico possibile. Non tutte le immagini formate dallo stesso numero di puntini contengono quindi la stessa informazione. Il numero dei puntini costituisce solo il massimo teorico dell'informazione possibile, che viene raggiunto solo dalle immagini che non sono in alcun modo "sintetizzabili". Tali immagini sono quelle completamente prive di qualsiasi struttura, nelle quali non si ha alcun indizio utile per prevedere il colore di alcun puntino, neppure conoscendo quello di tutti gli altri. Si tratta delle immagini nelle quali ogni puntino può essere, indipendentemente dagli altri, bianco o nero con probabilità 1/2. Naturalmente immagini del genere, che contengono il massimo di "informazione" in senso tecnico, appaiono uniformemente grigie e contengono quindi un'"informazione" nulla nel senso usuale della parola.[2]

È chiaro, quindi, che, come sempre accade in casi analoghi, il non distinguere chiaramente tra l'"informazione" della teoria dell'informazione e l'omonima parola del linguaggio ordinario non fa che generare confusione, alimentando l'idea insensata di poter quantificare con oggettivi metodi "scientifici" anche la conoscenza. Quella oggetto della teoria matematica può essere considerata un' "informazione virtuale", che *può* essere contenuta nel messaggio, ma non è in genere utilizzata. Ad esempio il grande quadrato formato da un milione di puntini di colore bianco o nero senza alcuna apparente regolarità appare come un semplice quadrato grigio, ma ha un grande contenuto in "informazione", in quanto *potrebbe* nascondere un lungo messaggio cifrato. Anche in tal caso si trat-

[2] In realtà ho semplificato un po' la discussione parlando di informazione relativa a una singola immagine, mentre avrei dovuto parlare di informazione relativa alla misura di probabilità con cui è distribuita una classe di immagini. Mi sembra che questa semplificazione non alteri troppo la sostanza qualitativa del ragionamento (che altrimenti diverrebbe incomprensibile a chi non conosce il calcolo delle probabilità).

terebbe però di informazione nel senso usuale del termine solo per chi possiede la chiave del codice.

La distinzione tra i due significati della parola "informazione" è essenziale poiché traduce l'ovvia constatazione che le immagini possono essere veicoli essenziali di conoscenza ma non debbono affatto esserlo necessariamente. Tutti possiamo notare che il più delle volte non lo sono. Inoltre anche quando il contenuto conoscitivo è elevato (un quadro, una radiografia, il progetto di una macchina...) esse restano prive di significato per chi non possiede adeguati strumenti concettuali. E non vi è alcun modo per trasmettere strumenti concettuali (a differenza, ad esempio, delle emozioni) senza usare la comunicazione verbale. Non a caso gli Stoici affermavano che l'unico possibile oggetto di insegnamento sono i "significati esprimibili" e non gli oggetti.[3]

Un aspetto essenziale della sostituzione dei testi scritti con immagini è l'unidirezionalità della comunicazione che ne risulta. Chi legge sa in genere anche scrivere, ma chi guarda immagini non ne può produrre con la stessa facilità. Quella per immagini è quindi una comunicazione a senso unico, nella quale il ruolo passivo del ricevente non è invertibile. Un messaggio verbale, orale o scritto, essendo costituito da simboli linguistici elaborati dall'uomo, costituisce esplicitamente una comunicazione tra uomini, che per sua natura può essere analizzata e discussa con lo stesso strumento linguistico usato dall'autore. Un'immagine viene invece percepita come un oggetto non modificabile della realtà esterna e quindi le impressioni e le associazioni d'idee provocate dall'autore della comunicazione restano per il ricevente quasi sempre inespresse e non analizzabili. Naturalmente le stesse considerazioni valgono, a maggior ragione, per le immagini in movimento e, soprattutto, per i videogiochi e le varie forme di "realtà virtuale", che costituiscono ambienti artificiali ai quali i

[3] Cfr. Sesto Empirico, *Adversus Mathematicos*, I, 20.

destinatari, soprattutto se molto giovani, adattano il proprio sviluppo psicologico.[4]

Le immagini (e, più in generale, le tecniche multimediali) possono svolgere un ruolo essenziale nell'allargare il mondo dell'esperienza individuale e vanno quindi certamente utilizzate nell'insegnamento. Dobbiamo però scegliere se continuare a usare la razionalità per analizzare, criticare, scegliere e in alcuni casi costruire il mondo sempre più ricco e complesso delle realtà potenzialmente percepibili oppure limitarci a subirlo come consumatori passivi.

Nel primo caso occorre attrezzarsi con strumenti concettuali tanto potenti quanto è richiesto dalla complessità della nuova tecnologia. Solo nel secondo caso possiamo scegliere di *sostituire* le immagini (e le realtà virtuali) ai messaggi verbali, accettando la deconcettualizzazione e il crollo della capacità critica che necessariamente accompagna l'indebolimento degli strumenti linguistici. È questa la strada indicata da chi vede nelle nuove tecnologie l'agognato strumento di riscatto degli analfabeti, che grazie all'informatica dovrebbero finalmente riuscire ad abbattere l'aborrita cultura dei libri e dei cosiddetti "saperi verbali". Come leader mondiale degli analfabeti e della loro "rivoluzione" si è candidato un sociologo italiano esperto di scuola: Alberto Abruzzese.[5]

[4] Questo punto, in relazione alla televisione, è stato sottolineato da Popper, che ne ha denunciato la potenziale pericolosità per i bambini in un breve saggio scritto poco prima della morte (pubblicato in Italia in Karl Popper, John Condry, *Cattiva maestra televisione*, i libri di Reset, Milano 1996). Il saggio di Popper ebbe in Italia una vasta quanto effimera popolarità in alcuni mesi del 1996.

[5] Cfr. A. Abruzzese, *Analfabeti di tutto il mondo uniamoci*, Costa & Nolan, Genova 1996. Veramente Abruzzese (che è docente di "sociologia delle comunicazioni di massa" alla Facoltà di Sociologia dell'Università "La Sapienza" di Roma), sia in questo libro che altrove, indica nel "linguaggio cibernetico" lo strumento del riscatto degli analfabeti. La sistematica confusione tra informatica e cibernetica potrebbe però essere solo un accorgimento usato da Abruzzese per dare più forza alla propria candidatura. I suoi seguaci ancora in grado di leggere possono consultare, tra le sue opere precedenti, *Elogio del tempo nuovo* (1994) e *Lo splendore della TV* (1995).

3.2. *Lo studio del computer nella scuola*

Il computer sta assumendo un peso crescente nell'educazione dei ragazzi e anche in Italia, nonostante un notevole ritardo, viene (e soprattutto verrà) usato sempre più anche a scuola. L'entusiasmo per il nuovo mezzo comincia però a essere smorzato dall'apparire di diverse voci critiche, soprattutto negli Stati Uniti, dove la "rivoluzione informatica", con molti entusiasmi, ha generato anche molte delusioni. Tra gli altri il libro di Stoll, anche se un po' ripetitivo, fornisce utili elementi di riflessione.[6]

La scuola è interessata al computer sia come oggetto di studio che come strumento di lavoro. Dal primo punto di vista il computer può essere studiato a tre diversi livelli:

a) a livello della struttura fisica, studiandone l'*hardware*;

b) impadronendosi delle tecniche di programmazione;

c) imparando semplicemente l'uso di programmi acquistati (il che è sufficiente a chi voglia, ad esempio, usare un computer come macchina da scrivere, come strumento di classificazione, per "leggere" ipertesti o per navigare in Internet).

Via via che la "rivoluzione informatica" si è sviluppata, per competenze "informatiche" si sono intese successivamente, e nell'ordine, quelle dei tre tipi precedenti, che corrisponderebbero, più o meno, nel caso di un aereo, alle competenze necessarie per progettarlo, per pilotarlo o per usarlo da passeggero.

Ancora qualche anno fa per diffusione della "cultura del computer" si sarebbe intesa la diffusione della capacità di programmare in un linguaggio come il C. Negli ultimi anni le conoscenze di programmazio-

[6] Clifford Stoll, *Silicon Snake Oil*, 1995 (tr. it., *Miracoli virtuali*, Garzanti, Milano 1996).

ne stanno invece rapidamente rarefacendosi per l'effetto concomitante di due processi. In primo luogo la dilatazione del *software* presente sul mercato e quindi del numero dei potenziali utenti porta a vendere sempre più computer come oggetti di consumo e sempre meno come strumenti di lavoro usati per programmare. Inoltre la recente diffusione dei "linguaggi a oggetti" sta creando una nuova categoria di "programmatori", caratterizzati dall'essere digiuni di vere conoscenze di programmazione. Usando tali linguaggi (come il *visual basic*) il "programmatore" (se tale lo si può ancora chiamare) si limita infatti a un lavoro di montaggio (assistito da un programma apposito) di programmi già scritti, senza avere alcuna idea del lavoro dei programmatori di livello superiore che hanno preparato i componenti prefabbricati. D'altra parte, nella maggioranza dei casi, anche questi ultimi non hanno idea della struttura dei veri programmi eseguiti dal computer (ottenuti automaticamente dal computer stesso, traducendo quelli scritti dall'uomo in un "linguaggio macchina" ormai conosciuto da pochissime persone). In questo modo le conoscenze tecnologiche si ritraggono sempre più, con velocità crescente, non solo dagli utenti finali, ma anche dagli stessi "esperti" del ramo.

In questa situazione cosa si deve insegnare nelle scuole sui computer?

È chiaro che le competenze del primo tipo, quelle cioè relative al funzionamento fisico della macchina, possono essere veramente acquisite solo in corsi specialistici universitari o post-universitari. Nella scuola si può tuttavia, e a mio avviso si dovrebbe, fornire alcune conoscenze di base sui principi di funzionamento, intese non a spiegare *come* la macchina realmente funzioni, ma perché *è possibile* che funzioni. Si tratta di conoscenze importanti per arginare il diffondersi di concezioni magiche della tecnologia.

Per le conoscenze del secondo tipo si può andare più in là. Naturalmente scuole specialistiche potrebbero preparare veri programmatori, ma anche gli altri studenti potrebbero imparare a scrivere programmi semplici. Si tratta di conoscenze importanti sia in sé, in quanto la scrittura di un "vero" programma (intendo un programma scritto veramente e non montato con pochi pezzi prefabbricati) aiuta lo sviluppo delle capacità logiche, sia come strumento utilizzabile per raggiungere vari obiettivi scientifici. La possibilità di usare un linguaggio di programmazione, anche elementare, permette infatti di esplorare della "fenomenologia matematica" altrimenti inaccessibile e di simulare fenomeni di varia natura.

Veniamo infine al terzo livello: l'apprendimento dell'uso di un computer da parte di un "utente finale". Non credo si sottolinei abbastanza che in questo caso si tratta di banalità. L'enorme quantità di *software* esistente, la necessità commerciale di dilatare i programmi di versione in versione, inquadrando un numero crescente di possibili esigenze dell'utente in altrettante opzioni predeterminate, la mole dei manuali e i frequenti problemi di compatibilità possono rendere il compito anche molto faticoso e irritante, ma senza diminuirne per questo la banalità.

3.3. *L'uso del computer nella scuola. La "rete"*

Veniamo all'uso del computer da parte di un "utente finale" totalmente privo di conoscenze sia sul funzionamento della macchina che sulle logiche di programmazione. Anche in questo caso il computer può essere usato in molti modi diversi: ad esempio come macchina da scrivere, per inviare messaggi, per giocare a scacchi o per comporre della musica. Oggi per uso del computer a scuola si pensa soprattutto all'interazione con "ipertesti" e alla "navigazione" in Internet. Usare Internet può significare raggiungere un sito contenente il *Thesaurus Linguae Graecae* per appurare quali autori abbiano usato un certo termine, collegarsi con un "negozio virtuale" per acquistare una motocicletta usata, cercare qualcuno con cui parlare di calcio, visitare "virtualmente" il Louvre o fare del sesso "telematico". L'uso peggiore consiste nello scambiare lo strumento con il fine, lasciandosi ipnotizzare dalla possibilità di vagare senza meta tra infinite possibilità.

Il libro tradizionale, fatto di carta, era stato dato tempo fa per spacciato, salvo resistere finora meglio del previsto. Molti avevano pensato che il libro fosse destinato a essere sostituito da altre forme più efficienti di memorizzazione dell'informazione, come i CD-Rom e, soprattutto, i testi elettronici, contenuti nella memoria di un computer e accessibili via rete. In effetti si stanno moltiplicando le riviste elettroniche, soprattutto in campo scientifico. In ogni caso la possibilità di conservare un testo in forma accessibile ed estremamente economica comporta, almeno potenzialmente, un'importante rivoluzione nell'editoria. Tradizionalmente il ruolo dell'editore traeva origine dal fatto che pubblicare un libro era un'operazione molto più impegnativa che leggere o far leggere il relativo manoscritto. Un editore poteva quindi pagare dei consulenti e, sulla base dei loro giudizi, decidere su quali libri investire il capitale necessario per la pubblicazione. Se per "pubblicare" si intende rendere accessibile un testo al pubblico in qualsiasi forma, includendo quindi la pubblicazione elettronica, il costo di questa operazione è costantemente diminuito. È divenuto invece sempre più difficile e costoso trovare lettori affidabili. Un giorno (non è facile determinare con esattezza quando, ma certamente diversi anni fa) è diventato più economico "pubblicare" un testo (riversandolo in un sito di Internet) che farlo leggere a qualcuno. Quel giorno il libro tradizionale è virtualmente morto e la rete ha cominciato a riempirsi di testi letti solo dai loro autori. Da allora la funzione dell'editore è mutata: non si tratta più di rendere accessibili al pubblico dei testi (chiunque può farlo da sé) ma piuttosto di additare le poche cose degne di attenzione in un enorme mare di spazzatura.

L'estendersi della "rete" (che era nata come sistema per scambiare informazioni tra centri universitari) a un vasto pubblico l'ha resa appetibile come spazio pubblicitario a basso costo. Una parte crescente delle informazioni tende quindi a essere costituita da messaggi pubblicitari.

La rete telematica offre molti vantaggi rispetto ai metodi tradizionali di conservare e scambiare informazione: la velocità della comunicazione, la possibilità di accedere a immagini e suoni e, soprattutto, la possibilità di distruggere un'enorme quantità di testi (come i messaggi di posta elettronica) senza creare problemi di smaltimento dei rifiuti. Per la verità l'informazione memorizzata con le nuove tecnologie rischia di venire rapidamente perduta in ogni caso, sia per l'estrema deteriorabilità dei supporti fisici, sia per la velocità di trasformazione della tecnologia, che rende rapidamente obsoleta e illeggibile ogni forma di memorizzazione. Probabilmente non si tratta però di un difetto rilevante, in quanto i testi degni di essere conservati rappresentano una frazione del tutto trascurabile del totale.

3.4. *Informazione e cultura*

La crescente sostituzione di testi scritti con immagini, la diffusione di ipertesti e l'impressionante dilatazione di Internet sono aspetti diversi di un unico fenomeno: l'aumento esplosivo della quantità di "informazione" (almeno nel senso tecnico della teoria dell'informazione) potenzialmente a disposizione di ciascuno di noi. Abbiamo però visto nel caso delle immagini che a un' "informazione" in senso tecnico non corrisponde necessariamente un contenuto conoscitivo. Le immagini da noi considerate (un grande quadrato formato da puntini bianchi o neri) hanno in realtà un contenuto minimo di informazione, nel senso del linguaggio ordinario, sia quando si tratta di immagini totalmente ordinate (quadrato tutto nero o tutto bianco) sia quando si tratta di immagini totalmente disordinate (grigio risultante da una distribuzione caotica dei due colori). Nel primo caso l'"informazione" in senso tecnico è anch'essa minima, nel secondo caso è invece massima.

Un fenomeno analogo si verifica nel caso delle biblioteche. Una biblioteca ha infatti un contenuto di conoscenze nullo sia quando non contiene libri, sia quando contiene tutti i libri immaginabili, ottenuti combinando in tutti i modi possibili le parole del vocabolario. La seconda situazione è quella della biblioteca progettata da un accademico di Lagado.[7] La possibilità di annegare le informazioni realmente disponibili in un mare di insensatezze, già intravista da Swift, appare oggi del tutto concreta. Internet, grazie al lavoro dei milioni di "autori" coinvolti, si è avvicinata più di qualsiasi precedente storico alla biblioteca di Lagado. Ciò non significa, naturalmente, che non sia utilizzabile. Nel mare di possibilità si nasconde una grande quantità (grande in valore assoluto, anche se molto piccola in percentuale) di ottimo materiale. Per trovarlo e utilizzarlo occorre però molta cultura.[8]

Cosa deve fare la scuola in questa situazione?

Da una parte si aprono enormi possibilità didattiche; dall'altra bisogna essere consapevoli che non si tratta affatto di traguardi assicurati automaticamente dall'uso dei nuovi strumenti.

Un ipertesto contenuto in un CD-Rom può offrire possibilità praticamente illimitate. Il reale valore didattico di un ipertesto dipende però, come è ovvio, dal-

[7] Cfr. J. Swift, *I viaggi di Gulliver*, parte III, cap. V.

[8] Un libro dedicato a questo problema è David Shenk, *Data Smog*, Harper & Collins, 1997.

la quantità e qualità di lavoro in esso incorporato. La novità offerta dalla tecnologia consiste nella possibilità di incorporare in un oggetto piccolo e leggero come un CD-Rom un'enorme quantità di lavoro intellettuale. Naturalmente ciò non implica affatto che ogni dischetto si riempia automaticamente di prezioso lavoro intellettuale. Anzi è molto difficile che ciò possa avvenire. Il problema di un produttore di ipertesti è infatti proprio quello di occupare il massimo spazio con il minimo lavoro. Nel perseguire questo obiettivo il produttore si scontra con il progresso tecnologico, che dilata continuamente lo spazio disponibile, ma è aiutato da una circostanza decisiva a lui favorevole: anche l'acquirente, per sfruttare fino in fondo un ipertesto serio, dovrebbe avere molto più tempo e pazienza di quelli oggi generalmente disponibili. Non è quindi affatto strano che le enormi potenzialità della nuova tecnologia rimangano quasi sempre rigorosamente e totalmente potenziali.

3.5. *Sistemi esperti e reti neuronali*

Uno strumento importante per la crescente sostituzione di comportamenti intelligenti con azioni automatizzate e predeterminate è rappresentato dai cosiddetti "sistemi esperti", utilizzati, per esempio, per diagnosi mediche o per risolvere problemi di traffico ferroviario. Con tali sistemi si cerca di ridurre il lavoro del medico all'uso meccanico di un programma che determini automaticamente diagnosi e terapie sulla base di una serie di dati numerici (forniti da esami anch'essi automatizzati).

Chi credesse che la diffusione dei "sistemi esperti", sottraendo competenze agli utilizzatori, le concentri nei progettatori dei sistemi stessi cadrebbe probabilmente in errore. Bisogna infatti considerare che i "sistemi esperti" non si basano su un esame intelligente del problema da risolvere, ma, più semplicemente, sull'analisi automatica di un gran numero di soluzioni empiriche (fornite da "esperti" veri) o di simulazioni effettuate al computer. Si rischia quindi di creare un sistema che non concentri solo le competenze, ma tenda ad annullarle del tutto. Per fortuna i "sistemi esperti" il più delle volte funzionano male.

L'uso di calcolatrici automatiche ha reso obsoleti, insieme alle antiche tabelline, anche i procedimenti per eseguire le quattro operazioni, una volta considerati parte essenziale dell'alfabetizzazione. La progettazione di una calcolatrice richiede però conoscenze scientifiche, ben superiori alla padronanza delle quattro operazioni, che si può pensare restino necessario patrimonio della civiltà (anche se tendenzialmente concentrate in un gruppo più ristretto di quello degli scribi faraonici).

Un gruppo di fisici un giorno ebbe però un'idea. Supponiamo di dover costruire una moltiplicatrice automatica, cioè un circuito con due ingressi e un'uscita che a ogni inserimento nei due ingressi di due numeri faccia apparire all'uscita il loro prodotto. Si tratta di un problema non troppo difficile, che si sa risolvere da molto tempo. Supponiamo però di non sapere come fare e di collegare ingressi e uscita attraverso un gran numero di componenti elementari scelti a caso. Cosa accadrà? Evidentemente, a meno di un miracolo, il numero che apparirà all'uscita *non* sarà il prodotto dei due numeri forniti agli ingressi. Se cambiamo, sempre a caso, la posizione o la natura di uno dei componenti del circuito, otterremo evidentemente di nuovo un risultato sbagliato. Supponiamo però di continuare a tentare a caso un gran numero di volte. Prima o poi apparirà il numero giusto. Avremo così costruito una moltiplicatrice? Certamente no, poiché sostituendo i numeri agli ingressi con altri due non otterremo più il loro prodotto, che nel caso della prima coppia era stato ottenuto in modo fortuito. Potremo però continuare a modificare a caso il circuito finché non fornisca il risultato giusto per entrambe le coppie di numeri. Provando con una terza coppia saremo di nuovo delusi, ma potremo continuare a provare... La morale della favola è che dopo un enorme numero di tentativi nascerà una calcolatrice che funziona senza che nessuno si sia preso la briga di capire il perché. Naturalmente l'eseguire fisicamente le operazioni descritte richiederebbe un tempo troppo lungo. Un computer può però simulare un numero enorme di tentativi in un tempo limitato, "progettando" così una moltiplicatrice senza alcun contributo intelligente da parte dell'uomo.

Procedimenti come quello appena descritto hanno portato allo sviluppo delle cosiddette *reti neuronali*. Non conviene usarle per progettare calcolatrici, ma hanno un uso crescente in molti altri casi, quando la progettazione classica è impossibile. Supponiamo, ad esempio, di voler progettare un sistema automatico di lettura delle cifre scritte a mano sugli assegni bancari. Uno *scanner* può facilmente *digitalizzare* l'immagine della scrittura, può cioè ridurla a un insieme di puntini bianchi o neri, analogo all'immagine che appare sul video di un computer. Ma come fa un computer a riconoscere in un gran numero di puntini bianchi o neri la forma di un sette? Si tratta di progettare un nuovo tipo di "calcolatrice" con tanti ingressi, in ciascuno dei quali inserire il colore, bianco o nero, di un singolo puntino, e una uscita, che deve fornire la cifra la cui forma risulta disegnata dall'insieme dei puntini. Una calcolatrice del genere può convenientemente essere progettata con un procedimento simile a quello già descritto, consistente in un enorme numero di tentativi.

Lo sviluppo delle reti neuronali è importante ai fini del nostro discorso perché fa intravedere la possibilità di un ulteriore salto di qualità nel processo di restrizione delle competenze. Ma vi è anche un altro aspetto che ci interessa: l'idea, che è anche all'origine del nome, che progettando una rete neuronale si riesca a costruire qualcosa di analogo a un cervello. Possiamo immaginare, in particolare, che il nostro cervello, quando, elaborando i tanti messaggi provenienti dalle terminazioni nervose della retina, decide di aver visto un cinque, si comporti in modo simile alle reti neuronali progettate per riconoscere le cifre. Le ragioni dell'analogia sono evidenti: in ambedue i casi un gran numero di componenti connesse tra loro riesce a organizzarsi, formando le giuste "sinapsi", in seguito a una serie di tentativi. Quanto alla struttura ottenuta, che compie il riconoscimento, vi è un'ulteriore analogia: essa è ignota in entrambi i casi. Un po' poco per pensare di essere divenuti progettisti di cervelli, ma abbastanza per generare ambigue ricadute sulle scienze pedagogiche. I parziali successi delle reti neuronali sono stati infatti usati per offrire una presunta base "scientifica" alla didattica deconcettualizzata, basata sull'apprendimento inconsapevole e automatico di norme di comportamento. Poiché le attuali reti neuronali sono in grado di offrire dei modelli (non sappiamo quanto realistici) dei processi di memorizzazione inconsapevole e di riconoscimento e non dell'attività una volta detta "superiore" del cervello, la "scientificità" dei modelli stessi viene usata (soprattutto da chi non è in grado di capirne gli aspetti tecnici) come un argomento decisivo per giustificare la preferenza per forme inconsapevoli di apprendimento e per una didattica deconcettualizzata.[9]

Vi è anche un'altra strada attraverso la quale la ricerca e la divulgazione sulle reti neuronali possono influenzare le idee correnti sulle trasformazioni sociali e culturali in atto: l'analogia tra tali reti e Internet. Si trat-

[9] Cfr., ad esempio, Hubert L. Dreyfus, *La portée philosophique du connexionisme*, in D. Andier (a cura di), *Introduction aux sciences cognitives*, Gallimard, Paris 1992.

ta di un'analogia, suggerita anche dall'uso in entrambi i casi dello stesso termine *rete* (o *network*), che ha indotto alcune persone ad accettare l'idea che l'umanità, attraverso Internet, si stia dotando di un "supercervello" collettivo, capace di evolvere autoriorganizzandosi e rispetto al quale ciascuno di noi può aspirare al più ad avere il ruolo di un singolo neurone. In realtà non si tratta di idee molto originali. Tesi in parte simili erano state sostenute da Maeterlinck a proposito delle formiche e di altri insetti sociali, la cui intelligenza trascenderebbe quella dei singoli insetti, rivelandosi solo nell'insieme del formicaio (o termitaio o alveare)[10] e la stessa prospettiva era stata indicata per l'umanità da vari scrittori di fantascienza.[11] Si tratta probabilmente, in ambedue i casi, di volgarizzazioni in forma "scientifica" o "tecnologica" di aspirazioni risalenti ad antiche religioni orientali. In ogni caso l'analogia tra rete telematica e cervello ha limiti evidenti. Ne cito solo uno. I cervelli animali, e in particolare quelli umani, sono il risultato di una lunga evoluzione biologica basata sulla selezione naturale, che ha eliminato innumerevoli tentativi alternativi di organizzare la struttura cerebrale. Come può agire una simile selezione sull'unica "rete globale" costituita da Internet?

Lo studio delle "reti neuronali" apre certamente una serie di problemi affascinanti.[12] Già il prototipo

[10] Cfr. M. Maeterlinck, *La vie des abeilles* (1901), *La vie des termites* (1927), *La vie des fourmis* (1930). Le tre opere sono state ristampate in traduzione italiana (*La vita delle api*, *La vita delle termiti*, *La vita delle formiche*) nel 1991 dalla Newton Compton.

[11] Ad esempio nel racconto di Asimov *L'ultima domanda* si suppone che in un lontano futuro tutte le menti umane confluiscano tra loro e con quelle elettroniche dei computer, dando origine a un'unica entità. Lo scritto di Asimov è interessante soprattutto perché in esso la componente religiosa, che è spesso essenziale nella fantascienza, è resa esplicita nel finale, anche se in una forma che può apparire scherzosa.

[12] Chi volesse essere informato sui reali sviluppi scientifici riguardanti le reti neuronali dovrebbe evitare, a mio parere, i tanti fumosi scritti divulgativi. È preferibile leggere il primo libro serio apparso sull'argo-

costituito dalla "moltiplicatrice casuale" (del tutto banale rispetto agli sviluppi successivi) pone un problema interessante: come calcolare il numero di tentativi necessari per ottenere, con una data probabilità, una calcolatrice efficiente? Credo però che non sia giusto decantare come grande successo della scienza la possibilità, offerta dalla velocità raggiungibile con le nuove tecnologie, di risolvere dei problemi senza analizzarli, semplicemente con una serie enorme di ciechi tentativi automatici, né credo che procedimenti di questo tipo offrano veramente elementi nuovi alle scienze umane. Le "reti neuronali" dei matematici e dei fisici costituiscono uno strumento teorico esattamente definibile, ben distinto, nonostante l'identità dei nomi, sia dalle reti della tecnologia informatica che dalle reti neuronali biologiche di cui costituiscono un modello.[13] Chi, confondendo le tre cose, pensa di dare oggettive basi "scientifiche" alle proprie idee sullo sviluppo delle comunicazioni o sulla psicologia e la didattica si comporta in modo non troppo dissimile da chi, avendo letto qualcosa sull'informazione matematica contenuta in un'immagine, pensasse di diventare "informatissimo" esaminando enormi quantità di quadrati grigi.[14]

mento: Daniel J. Amit, *Modeling Brain Function*, Cambridge University Press, 1989. Non si tratta di un libro semplice, ma poiché si rivolge a un pubblico eterogeneo, formato da matematici, fisici e biologi, l'autore ha incluso anche del materiale elementare di meccanica statistica. Ne è risultato un volume in gran parte leggibile da chiunque abbia una seria formazione scientifica di base.

[13] Gli scienziati cercano di fornire un modello non del cervello nel suo insieme ma delle singole reti neuronali, che in particolare sembrano essere sufficienti per spiegare alcuni processi elementari di memorizzazione. L'attività mentale risulta dall'interazione reciproca di milioni di queste reti. La differenza tra singola rete neuronale e cervello tende però a sparire in molti scritti divulgativi.

[14] Cfr. sopra, § 3.1.

Si tratta naturalmente di un ulteriore esempio della crescente confusione tra gli oggetti concreti e i corrispondenti modelli teorici. Mentre i segmenti erano stati sempre linguisticamente distinti dai bastoncini, termini come "rete neuronale" sono usati in entrambi i significati.

4. Alcune scuole possibili

4.1. *Alcuni problemi posti dalla nuova scuola*

La scelta di contentarsi di una "scuola per consumatori", rinunziando completamente alla formazione culturale offerta dalla vecchia scuola secondaria europea, pone alcuni gravi problemi.

In primo luogo la stessa produzione industriale ha un bisogno di supertecnici che, seppur quantitativamente esiguo e decrescente, è però qualitativamente crescente. Non è affatto sicuro che dopo avere costretto tutti i giovani a frequentare per dodici o tredici anni una "scuola di avviamento al consumo" del tipo descritto nel primo capitolo si riesca ancora a formarne qualcuno.

In secondo luogo non tutto il lavoro intellettuale può essere completamente concentrato o automatizzato. Una parte delle competenze deve necessariamente rimanere diffusa. Ad esempio, i medici servono ancora in notevole numero, poiché i tentativi di sostituirli completamente con programmi automatici non hanno avuto finora successo. È inoltre impossibile evitare il verificarsi di eventi imprevisti, che non possono essere fronteggiati da chi, pur provvisto di strumenti tecnologici raffinati, sia completamente privo di competenze (come purtroppo è ampiamente illustrato dalle cronache italiane degli ultimi anni).

In terzo luogo vi sono ancora delle persone desiderose di capire il mondo sempre più complesso che le circonda, indipendentemente dal valore economico di tale comprensione, e di fornire strumenti critici ai propri figli.

Tra i tentativi di risolvere almeno il primo problema va segnalata l'idea, adottata nei paesi anglosassoni, di cercare di salvare i ragazzi più dotati dall'effetto devastante della scuola dequalificata incoraggiando il fenomeno dei cosiddetti "bambini prodigio", inviando cioè i bambini più intelligenti direttamente dalle elementari alle università. Il disprezzo verso l'insegnamento impartito nella scuola secondaria (spesso implicito e inconsapevole) è mostrato eloquentemente da questa pratica.[1]

La soluzione più radicale è certamente quella giapponese, che consiste nell'evitare completamente il modello della "scuola per consumatori", eguale per tutti, descritto finora, scegliendo invece una scuola rigidamente meritocratica, selettiva e gerarchizzata. Si può naturalmente rifiutare il modello giapponese, anche per il gran numero di studenti suicidi. Si può pensare che la scuola giapponese sia un aspetto caratteristico di un paese legato in tanti modi a un antico sistema sociale rifiutato in Europa da parecchi secoli. Ma non si dovrebbe dimenticare completamente il modello giapponese di scuola quando si decantano gli avveniristici successi scientifici e tecnologici del Giappone. Né sembra particolarmente intelligente l'idea di accettare che nella scuola giapponese si insegnino le conoscenze di base necessarie per progettare oggetti di tecnologia avanzata e prodotti culturali e nella scuola europea si insegni solo a consumare gli stessi prodotti. Non è troppo difficile capire che una simile divisione internazionale del lavoro non costituisce per noi una scelta lungimirante.

[1] Naturalmente l'idea di guadagnare tempo formando superspecialisti completamente privi di cultura generale dimostra anche il profondo disprezzo per la cultura (che a sua volta è all'origine della scelta di svuotare di contenuti la scuola secondaria).

4.2. *Il modello americano*

Gli Stati Uniti hanno trovato una soluzione apparentemente efficiente dei problemi precedenti. Le scuole secondarie americane offrono quasi esclusivamente attività di gruppo all'aria aperta e corsi facoltativi su una vasta scelta di attività pratiche. A una scuola secondaria di massa completamente dequalificata e a una maggioranza di università meno che mediocri gli Stati Uniti hanno affiancato una serie di "centri di eccellenza", costituiti soprattutto da prestigiose scuole di dottorato collegate a centri di ricerca di alto livello. Questa divisione soddisfa bene l'esigenza di formare una massa di consumatori passivi e un sottile strato di supertecnici e dirigenti, necessari alla produzione e alla gestione politica. Rimane però il problema già accennato: come rifornire di studenti e docenti questi "centri di eccellenza", in assenza di una scuola secondaria almeno decorosa? Il problema è stato più o meno risolto finora grazie a vari elementi: l'istituzione di alcune scuole secondarie per giovani superdotati,[2] la persistenza di tradizioni culturali di alto livello in alcuni particolari settori della società americana (in particolare tra gli ebrei), l'uso, che abbiamo già ricordato, di iscrivere dei "bambini-prodigio" direttamente all'università (ottenendo strani studenti, ignoranti e pieni di problemi psicologici, ma almeno non inebetiti dalla scuola secondaria di massa) e, soprattutto, una continua importazione di cervelli, periodicamente rafforzata da ondate massicce di immigrazione. Tra queste ultime vanno ricordate, in questo secolo, l'ondata migratoria causata dall'antisemitismo nazi-fascista, che portò dall'Europa negli Stati Uniti scienziati

[2] Ad esempio la High School of Science del Bronx fu fondata nel 1938 con l'esplicito obiettivo di formare geni scientifici. Tra gli scienziati effettivamente usciti da questa scuola vi furono Marvin Minsky, di cui abbiamo già parlato, e vari premi Nobel.

come Albert Einstein ed Enrico Fermi, la successiva importazione di tedeschi che avevano lavorato per i nazisti (tra i quali vi fu von Braun, l'ideatore del programma spaziale americano) e la recente trasmigrazione in massa di gran parte degli scienziati dell'ex Unione Sovietica. Nell'intervallo tra gli ultimi due esodi il rifornimento è stato assicurato con continuità da vari paesi dotati di scuole secondarie serie: in una prima fase ha contribuito soprattutto l'Europa (in particolare quella orientale), mentre in tempi più recenti sono divenuti decisivi i paesi asiatici. Un contributo significativo è stato dato anche dall'Italia.

Il sistema è però lontano dall'apparire soddisfacente agli stessi americani, anche perché il livello delle scuole secondarie americane non consente loro neppure di svolgere la funzione di arginare la criminalità. Ricordiamo che nelle scuole di Washington la diffusione della violenza e delle armi da fuoco è tale che come direttore scolastico si è deciso di nominare un generale dell'esercito.

Tra i libri recenti sul fallimento della scuola secondaria americana è particolarmente interessante quello di Hirsch, che contiene una critica impietosa delle teorie pedagogiche alla base dell'evoluzione scolastica degli ultimi decenni.[3]

La frammentazione delle conoscenze, inevitabile in un sistema scolastico centrato su scuole di dottorato specialistiche e completamente privo di buone scuole di base, non può non finire col minare anche la qualità degli stessi "centri di eccellenza", che d'al-

[3] Eric Donald Hirsch jr., *The Schools We Need. And Why We Don't Have Them,* Doubleday, New York 1996. Hirsch nota, tra l'altro, che il livello delle scuole americane può ostacolare anche l'immigrazione di cervelli nelle università prestigiose. I migliori ricercatori stranieri sono infatti a volte portati a rinunciare a vantaggiose offerte di università degli Stati Uniti, pur di evitare ai propri figli la frequenza delle scuole secondarie americane. Hirsch sottolinea anche l'importanza del Giappone nel rifornire di studenti le scuole americane di dottorato.

tra parte sono divenuti sovrabbondanti con il progressivo restringersi delle competenze richieste dal sistema.[4]

In Italia molti guardano al sistema scolastico americano come al principale modello da imitare, probabilmente perché abbagliati, oltre che dal generale successo economico-politico americano, dall'immagine dei centri più prestigiosi del suo sistema universitario. Spesso si sottolinea che negli Usa quasi il 90% dei cittadini possiede un titolo di scuola media superiore. Un autorevole membro del congresso ha però affermato che la maggioranza dei diplomati non è in grado di leggere il diploma che riceve. Si tratta probabilmente di un'esagerazione, ma indagini statistiche accurate hanno dimostrato che la grande maggioranza dei diplomati crede che l'America sia stata scoperta dagli europei nel XVIII secolo (il che non stupisce, visto che l'unica storia che viene studiata è quella degli Stati Uniti d'America) e non è in grado di calcolare i due terzi dei tre quarti di una mela. Va anche ricordato che la grande maggioranza dei diplomati americani, pur essendo rigorosamente monoglotta, ha molti problemi con l'ortografia inglese.

Il difetto principale del sistema americano risiede naturalmente nell'impossibilità di proseguirlo indefinitamente, data la limitatezza del pianeta. Le fonti di importazione di cervelli vengono infatti via via esaurite. Dopo l'esaurimento della scuola scientifica sovietica e il probabile adeguamento della scuola europea agli standard americani da dove si potranno importare studenti per le scuole di prestigio? Per qualche tempo si potrà continuare a usare l'Asia. Ma fino

[4] Tra le critiche del sistema universitario americano ricordiamo il recente libro di Bill Readings (*The University in Ruins*, Harvard University Press, Boston 1996), dove si insiste in particolare sulla progressiva trasformazione delle università americane in centri di vendita dell'immagine di eccellenza agli studenti-clienti.

a quando vi saranno studenti asiatici che troveranno conveniente studiare in università americane?

In ogni caso si tratta di un sistema evidentemente non imitabile e, in particolare, del tutto improponibile in Italia. Nulla infatti fa supporre che stiamo per raggiungere la potenza militare o economica necessaria per importare cervelli dall'estero. Tutto lascia credere piuttosto che nella migliore delle ipotesi potremo continuare a esportarli.

4.3. *Qualche dubbio in Europa*

La scuola europea, pur avendo imboccato, dopo il '68, più o meno la stessa strada indicata dalla scuola americana, ne ha percorso un tratto minore, conservando molti più elementi della struttura tradizionale. Inoltre negli ultimi tempi la consapevolezza dei danni prodotti dal degrado della scuola sembra diffondersi e aumentano le critiche alla deriva seguita dalla scuola negli ultimi decenni.

È particolarmente significativo che in Gran Bretagna uno dei primi provvedimenti presi dal governo Blair (che pure si è impegnato nella diffusione delle nuove tecnologie informatiche nelle scuole) sia consistito nel ripristinare lo studio delle tabelline nelle scuole elementari, mettendo al bando l'uso delle macchinette calcolatrici. Mi sembra un'iniziativa degna di attenta riflessione. Si può criticare il rifiuto (sia pure in un caso particolare) della nuova tecnologia. Si può anche convincentemente argomentare che lo studio delle vecchie tabelline è inevitabilmente condannato dalla possibilità, offerta dalle calcolatrici, di farne a meno. È però un fatto che se si lascia che la nuova tecnologia sottragga ai ragazzi tutte le occasioni di esercizio mentale si possono avere esiti disastrosi. Sarebbe certamente preferibile sostituire agli esercizi pretecnologici una nuova attività mentale, basata sull'uso critico della tecnologia (ed è necessario muoversi presto in questa direzione) ma finché una tale didattica alternativa non viene elaborata la sopravvivenza della tradizione può rappresentare il male minore, permettendo almeno di evitare il totale inebetimento.

Per mostrare un esempio del dibattito sul deterioramento dell'insegnamento scientifico, diffuso in termini analoghi in tutto il mondo occidentale, riportiamo la storiella del "problema delle patate", che, nata in Francia, è stata riproposta recentemente in Spagna.[5] Si tratta della descrizione delle successive modifiche di un semplice problema di aritmetica.

1960

Un contadino vende un sacco di patate per 1000 pesetas. Le sue spese di produzione sono i 4/5 del prezzo di vendita. Qual è il suo guadagno?

1970 (insegnamento "tradizionale")

Un contadino vende un sacco di patate per 1000 pesetas. Le sue spese di produzione sono i 4/5 del prezzo di vendita, e cioè 800 pesetas. Qual è il suo guadagno?

1970 (insegnamento "moderno")

Un contadino scambia un insieme P di patate con un insieme M di monete. La cardinalità dell'insieme M è uguale a 1000 e ogni elemento di M vale una peseta. Disegna 1000 grossi punti che rappresentino gli elementi dell'insieme M. L'insieme S delle spese di produzione è un sottoinsieme di M ed è formato da 200 grossi punti in meno di quello dell'insieme M. Rappresenta l'insieme S e rispondi alla domanda seguente: qual è la cardinalità del-

[5] Il "problema delle patate", ripreso da una rivista spagnola, è stato riproposto in traduzione italiana da Ana Millàn Gasca nel numero marzo-giugno 1996 di "Lettera matematica". Ho abbreviato leggermente il testo.

l'insieme G che rappresenta il guadagno? Disegna G in colore rosso.

1980 (insegnamento "rinnovato")
Un contadino vende un sacco di patate per 1000 pesetas. Le sue spese di produzione sono 800 pesetas e il suo guadagno è di 200 pesetas. Sottolinea la parola "patata" e discutine con il tuo compagno.

1990 (insegnamento "riformato")
Supponendo che degli agricoltori vogliano vendere un sacco di patate per 1000 pesetas, fai un sondaggio per determinare il volume della domanda potenziale di patate nel nostro paese. Completa questa ricerca analizzando gli elementi del problema, mettendo in rapporto gli elementi fra loro e cercando il principio del rapporto fra questi elementi. Per finire, fai una tabella a doppio ingresso, indicando in orizzontale, in alto, i nomi degli elementi citati, e in verticale, in basso, diversi modi di cucinare le patate.

Nel "problema delle patate" si riconoscono gli stessi processi di cui abbiamo già parlato: in particolare l'infatuazione insiemistica, contemporanea in Spagna e in Italia, e il progressivo slittare della natura dell'obiettivo proposto agli studenti: dalla soluzione di un problema all'esecuzione di un elenco di compiti pratici, prescritta nella nuova scuola. È anche condivisibile l'idea che la progressiva dequalificazione della scuola si presenti in una prima fase come abbassamento del livello degli studenti, ai quali vengono rivolte richieste sempre più banali, per sfociare in una seconda fase nel crollo del livello culturale degli stessi insegnanti, come è esemplificato dalla vuota insensatezza del testo attribuito al 1990.

I mille "grossi punti" che lo studente sarebbe stato invitato a disegnare nel 1970 meritano un commento particolare. La perdita del concetto di punto geometrico (come di quello di segmento) si accompagna infatti inevitabilmente all'abbandono della capacità di usare concetti astratti. Si può facilmente verificare quanto sia avanzato questo processo in Italia ascoltando la televisione: i giornalisti televisivi che informano sui terremoti ne concepiscono l'"epicentro" come un "grosso punto" che può contenere anche intere province.

5. Il caso italiano

5.1. *Ignoranza e corruzione*

Il processo di rarefazione delle conoscenze diffuse, che in tutto il mondo occidentale si accompagna alla concentrazione e all'automazione della produzione materiale e culturale, in Italia ha assunto caratteristiche del tutto particolari. Innanzitutto le conoscenze tecnologiche, nel corso del processo di concentrazione, hanno quasi sempre abbandonato l'Italia, dove il settore dell'alta tecnologia ha lasciato quasi esclusivamente strutture commerciali. Inoltre la rinunzia italiana all'alta tecnologia si è accompagnata e intrecciata al dilagare della corruzione nel nostro sistema economico-politico, scoraggiando ulteriormente la formazione e la selezione di competenze professionali. Quale tipo di professionalità era richiesto agli ingegneri e alle ditte per ottenere l'appalto dei lavori di ricostruzione nella valle del Belice? Quale genere di selezione aveva permesso l'ascesa al vertice del sistema sanitario di Duilio Poggiolini? Quali competenze avevano sviluppato le aziende agricole che vivevano di sussidi (legali o meno) della Cee o di enti pubblici nazionali? Non bisogna certo stupirsi se le opere del Belice sono crollate prima dell'inaugurazione e in Italia si sono moltiplicati gli episodi di "malasanità".

Un sistema economico come quello dell'Italia degli ultimi decenni ha avuto bisogno, in particolare, di ben poche competenze tecnico-scientifiche. Quali professionisti erano utili alle industrie la cui attività principale consisteva nel vendere prodotti fuori mercato, ottenuti montando componenti acquistati all'estero, a enti pubblici corrotti? Evidentemente servivano innanzitutto esperti di rapporti con la pubblica amministrazione (con competenze facilmente intuibili) e poi fiscalisti, esperti di finanza, addetti alle "relazioni pubbliche" e magari, per precauzione, dei buoni penalisti; servivano a ben poco ingegneri, fisici o chimici (si poteva assumerne qualcuno, ma soprattutto per usarli come venditori o nei rapporti con la stampa). Si spiega forse anche così come l'embrionale sistema italiano di università private, pur essendo finanziato in parte dal sistema industriale, si sia sviluppato nei settori di economia, scienze politiche e giurisprudenza ben più che in quelli di ingegneria, fisica o chimica industriale (i nostri colossi chimici, in particolare, erano impegnati a finanziare ben altre istituzioni che non università).

Anche le università e gli altri enti pubblici di ricerca hanno avuto la possibilità di inserirsi nel sistema generale di corruzione. Per un'industria la ricerca può costituire una voce attiva del bilancio, in quanto a fronte dei finanziamenti pubblici ricevuti possono non esservi affatto spese. Per raggiungere questo obiettivo la ricerca va organizzata in collaborazione con un dipartimento universitario, al quale è riservata una percentuale del finanziamento. Gli accademici così coinvolti possono essere doppiamente utili: per svolgere il lavoro scientifico e anche per facilitare l'approvazione della ricerca da parte dell'ente pubblico finanziatore. I rappresentanti dell'ente pubblico di ricerca erogatore del finanziamento, che sono dei colleghi accademici, potrebbero essere anche così gentili da approvare benevolmente una ricerca consistente solo in un po' di cartelle riempite da qualche giovane allievo, anche perché in un altro progetto di ricerca i ruoli di esaminatori ed esaminandi possono invertirsi.

Quando si sostiene l'esigenza di aumentare le risorse destinate alla ricerca applicata bisognerebbe anche precisare, a mio parere, quali misure si intendono adottare per impedire di alimentare il meccanismo perverso sopra ipotizzato. Altrimenti è preferibile tagliare i fondi. Si tratta di un problema del tutto analogo a quello secolare dello "sviluppo del Mezzogiorno": la realtà e gravità dei problemi dell'Italia del Sud non implicano affatto che sia comunque positivo creare un flusso di denaro verso le regioni meridionali; se non si hanno strumenti per controllarne i destinatari e l'uso, il rimedio può essere peggiore del male.

Il dilagare dell'ignoranza ha riguardato anche conoscenze elementari, che una volta erano acquisite nella scuola secondaria. Ad esempio se un treno corre in curva il peso delle carrozze si combina con la forza centrifuga dando luogo a una forza risultante che è facilmente calcolabile in funzione della velocità e del raggio di curvatura. Se la retta che passa per il baricentro della carrozza e ha la direzione della forza risultante interseca il terreno in un punto esterno ai binari, il treno deraglia e si rovescia. Se nessuno sa più prevedere questo fenomeno, capita che i treni effettivamente deraglino. Se poi si manda una gru a sollevare le carrozze rovesciate e se la verticale passante per il baricentro del sistema gru-carrozza esce dal poligono d'appoggio della gru, non è difficile prevedere cosa accade: tentando di sollevare la carrozza si rovescia anche la gru. Se nessuno spiega tutto ciò né al gruista né a chi ne dirige il lavoro, si verifica ciò che tutti leggiamo sui giornali.

Il quadro appena accennato è desolante, ma non rappresenta la realtà italiana che in modo molto parziale. Dal punto di vista delle capacità e competenze scientifiche e professionali la situazione è infatti profondamente contraddittoria. È vero che l'Italia è rimasta sostanzialmente estranea alla "rivoluzione informatica" (nonostante uno dei primi computer fosse stato costruito a Pisa in anni ormai lontani) ma è anche vero che uno degli elementi essenziali di tale rivoluzione, il microprocessore, è l'invenzione di Federico Faggin: un veneto trapiantato in California, laureato a Padova, figlio di un professore di filosofia del liceo classico.[1] È certamente vero che in Italia non vi sono centri di ricerca matematica paragonabili, ad esempio, a quello di Princeton, ma è altrettanto vero che tra i più famosi matematici di Princeton vi è Enrico Bombieri, laureato a Torino. I nostri punti di eccellenza non sono tutti all'estero. Anche nelle università italiane in tutti i campi o quasi vi sono singoli studiosi del massimo livello internazionale. Credo però che le università, i dipartimenti o gli enti pubblici di ricerca non lo siano mai o quasi mai. Gli studiosi italiani di alto livello, anche quando restano in Italia, a differenza dei colleghi degli altri paesi, ben difficilmente riescono a costituire centri di formazione di competenze o di ricerca applicata che soddisfino le esigenze dell'industria e della società civile italiana.[2] Si tratta per lo più di studiosi che hanno i propri interlocutori scientifici in tutto il mondo, ai quali la dimensione nazionale appare solo in occasione dei finanziamenti pubblici e dei concorsi. Nel caso di ricerche di tipo applicativo i rapporti con le industrie si creano spesso indirettamente, attraverso la mediazione di università straniere collegate con la realtà produttiva del proprio paese.

[1] Federico Faggin intorno al 1960 lavorava all'Olivetti. È particolarmente interessante la sua opinione (riportata nell'intervista al "Corriere della sera" del 29.9.1997 che abbiamo già citato) che all'epoca nel settore informatico il ritardo dell'Italia rispetto agli Stati Uniti fosse di tre o quattro anni, mentre oggi non è misurabile, non essendovi più una presenza italiana nel settore. La liquidazione dell'industria informatica esemplifica bene, anche cronologicamente, il tracollo italiano.

[2] Chi è interessato al rapido declino della capacità degli istituti italiani di ricerca di fornire la soluzione di problemi concreti posti da privati o da enti pubblici può utilmente leggere le considerazioni scritte da Mauro Picone sull'Istituto per le Applicazioni del Calcolo, da lui fondato (Mauro Picone, *Presentazione di pubblicazioni riguardanti l'attività dell'Istituto per le Applicazioni del Calcolo, dal 1927, anno della sua fondazione, al 1960, in cui fu sottratto dalla direzione del suo ideatore,* vol. XLIV, fasc. 4 dei "Rendiconti della Classe di Scienze fisiche, matematiche e naturali dell'Accademia Nazionale dei Lincei", 1968).

5.2. *Il ritardo della scuola italiana*

La scuola italiana è certamente in forte ritardo rispetto all'evoluzione della scuola delle altre nazioni occidentali. Più precisamente è in ritardo rispetto alla media europea, che a sua volta segue con ritardo il modello americano. Vista la direzione dell'evoluzione, non è affatto detto però che tale ritardo non comporti aspetti positivi. La nostra classe politica ha tentato per un trentennio di trasformare la scuola adeguandola ai nuovi modelli internazionali, ma lo ha fatto con tanta inefficienza che non tutte le caratteristiche della vecchia scuola sono scomparse. Certo, l'attuale scuola secondaria differisce da quella di trent'anni fa per molti aspetti. Nel ridurre gli stipendi degli insegnanti abbiamo superato ogni concorrenza; il loro livello culturale medio è stato ridimensionato con una serie di immissioni in ruolo senza concorso, con le quali si è completamente rinunciato a garantire la decenza dei livelli minimi. La concezione della scuola come generico "luogo di socializzazione" è stata fatta propria con entusiasmo da ministri, consulenti e ispettori e ha costituito il contenuto di innumerevoli corsi di aggiornamento. La selezione degli studenti è quasi completamente scomparsa, grazie anche a interventi sistematici della giustizia amministrativa, che hanno costretto anche i potenziali dissidenti ad accettare i nuovi criteri. Il livello delle conoscenze dei nostri diplomati diminuisce di anno in anno.[3]

Eppure la scuola italiana conserva caratteristiche anomale. Mentre nel resto d'Europa lo studio della storia si concentra rapidamente sulle rispettive storie na-

[3] Alle statistiche citate nel § 1.3 aggiungo un aneddoto: quando, durante una lezione di un paio di anni fa, ho nominato Archimede, alcuni degli studenti (del corso di laurea in matematica) mi hanno chiesto come mai citassi questo signore per nome, senza precisarne il cognome. Le conoscenze matematiche dei diplomati diminuiscono con la stessa velocità della loro cultura generale.

zionali, alimentando orgogli nazionalistici e revanscismi, la nostra era rimasta, fino all'anno scorso, l'unica scuola che, dedicando due anni allo studio della storia antica e un anno al Medioevo, forniva un quadro storico di vasto respiro all'insieme della civiltà occidentale. Il ministro Falcucci aveva sì tentato, una decina di anni fa, di eliminare lo studio della storia antica, ma aveva provocato un tale coro di proteste da essere costretta a una rapida retromarcia.

Il liceo classico italiano è l'unica scuola europea che preveda ancora l'insegnamento del greco antico a tutti i suoi allievi. Anche chi pensa che si tratti di un inutile residuo del passato (torneremo sull'argomento) deve ammettere che quello del greco è uno studio che nessuno studente di una moderna "scuola per consumatori" sarebbe più in grado di intraprendere.

Quanto alla matematica, nelle nostre scuole, pur nello stato di pre-liquidazione già descritto, sopravvive ancora l'insegnamento della geometria razionale e quindi del metodo dimostrativo.

Molti dei nostri manuali sono degni di una tradizione di tutto rispetto. Una considerevole parte dei professori è ancora costituita da persone di profonda cultura e tra loro vi è anche chi ha una produzione intellettuale di notevole valore.[4]

Nel complesso si può dire che la distruzione delle competenze, pur perseguita con costanza per vari decenni dalle forze politiche, è stata forse meno efficace nella scuola che in altri settori della vita italiana, come le ferrovie o la sanità, probabilmente per la scar-

[4] Quest'ultima circostanza non deve rallegrare troppo, in quanto è dovuta al fatto che ogni osmosi tra i docenti della scuola secondaria e quelli dell'università è venuta meno dall'epoca dell'abolizione della libera docenza. L'insegnamento universitario è stato garantito a chi si inserisce a qualsiasi titolo nell'ambiente universitario subito dopo la laurea, anche se ha prodotto ben poco, mentre chi ha incautamente scelto di insegnare in una scuola secondaria vi resta comunque a vita, indipendentemente dagli eventuali titoli successivamente acquisiti.

sa disponibilità nelle scuole di materia prima per i meccanismi della corruzione.

Una scuola come quella italiana, in cui residui di una tradizione di alto livello sono sopravvissuti per inerzia dei politici e non per loro scelta consapevole, convivendo ecletticamente con elementi del tutto eterogenei, non può non essere estremamente contraddittoria. È facile additarne gravi difetti. L'insufficiente adeguamento dell'istituzione scolastica ai mutamenti del mondo esterno appaiono evidenti a studenti e genitori. Soprattutto è evidente la scarsità di strumenti immediatamente spendibili sul mercato del lavoro forniti a chi termina gli studi in un liceo italiano.

Gli elementi di forza della nostra scuola emergono però se si guarda a chi, dopo avere studiato con impegno in uno dei nostri tanti buoni licei, affronta studi universitari complessi di qualsiasi tipo, in qualsiasi paese del mondo. Facendo interagire i "vecchi" strumenti già acquisiti con i nuovi problemi si ottengono allora (e, soprattutto, si ottenevano) risultati ottimi.

Anche nel caso della scuola secondaria emerge quindi una caratteristica essenziale della situazione italiana: le forze positive, pur ampiamente presenti, non si connettono fra loro creando "circoli virtuosi", ma a livello nazionale restano isolate nella lotta contro strutture inefficienti, riuscendo a ottenere risultati eccellenti soprattutto quando vengono inserite in contesti diversi.

5.3. *La denazionalizzazione: cosmopolitismo e localismo*

Un aspetto essenziale dell'evoluzione culturale italiana negli ultimi cinquant'anni, che aggrava i problemi della nostra scuola, è stato il lungo processo di denazionalizzazione, del quale il fenomeno leghista rappresenta solo uno degli ultimi esiti. L'idea di nazione è combattuta sulla base di due ideologie, apparentemente opposte ma in realtà convergenti: il cosmopolitismo e il localismo. Da una parte si sostiene che l'attuale sviluppo delle comunicazioni rende obsolete le vecchie identità nazionali accomunandoci in un unico "villaggio globale"; dall'altra il bisogno di preservare l'identità culturale viene difeso come essenziale a livello municipale o di comprensorio. Un fenomeno del tutto analogo, diffuso a livello internazionale, riguarda significativamente la storia. Da una parte si sottolinea l'essenzialità della "storia del presente" e la scarsa utilità dello studio di argomenti considerati ormai antiquati, come la storia greca o quella medievale. Dall'altra il "bisogno di passato" viene soddisfatto proponendo versioni sfocate e misteriose di un passato abbastanza remoto per essere manipolato in direzione mitica: l'Egitto faraonico romanzato da Jacq, le fantasie sui Celti di Bossi o i dinosauri di Spielberg.

Viene così meno ogni schema razionale che permetta di inserire la nostra esperienza diretta in un quadro spaziale o temporale vasto e significativo.

La diffidenza diffusa in Italia per tutto ciò che abbia una dimensione nazionale offre, a mio avviso, una delle chiavi per capire, tra l'altro, il vasto disinteresse di scienziati e intellettuali verso il destino della nostra scuola statale: esso è infatti uno dei principali problemi nazionali. Non è un caso che il massimo impegno degli intellettuali italiani per la scuola risalga al Risorgimento.[5] Ferroni, nel saggio già citato, fa notare che la migliore sintesi della nostra cultura risorgi-

[5] Una valutazione serena della cultura risorgimentale è resa difficile dal violento rigetto originato dal tentativo fascista di appropriarsene e dalla scelta antinazionale di gran parte della nostra cultura successiva. Un significativo contributo a un giudizio equilibrato può venire dalla valutazione dell'impegno civile degli scienziati dell'epoca, che dettero vita, tra l'altro, a una scuola italiana di matematica di grande valore, bene inserita nel contesto internazionale, e allo stesso tempo si impegnarono nella costruzione della scuola nazionale.

mentale è fornita dalla *Storia della letteratura italiana* di Francesco De Sanctis: un libro scritto per la scuola.

5.4. *Il problema della lingua*

La situazione linguistica italiana differisce da quella di altri paesi europei non anglofoni per la maggiore ignoranza della lingua inglese, unita, paradossalmente, alla sua particolare invadenza. Non si assiste infatti alla diffusione del bilinguismo, ma all'uso generalizzato di una lingua sempre più ibrida.

Uno dei meccanismi di anglicizzazione dell'italiano consiste nell'attribuire a parole italiane il significato del termine inglese foneticamente più vicino. Il lessico della lingua ibrida ottenuta ne risulta in genere impoverito. Un esempio: capita sempre più spesso di ascoltare persone che parlando in italiano usano il termine *libreria* nel senso di *biblioteca*; poiché il termine *bookstore*, meno facilmente assimilabile, non ha lo stesso grado di penetrazione, la lingua ibrida risultante finisce con il contenere un solo termine per due concetti essenzialmente diversi. Allo stesso modo il *bisonte* americano viene ormai chiamato *bufalo* (ad esempio dai giornalisti, sia televisivi che della carta stampata) perché in America è comunemente indicato con il termine *buffalo*. In realtà il termine inglese più corretto, *bison*, è stato sostituito nel linguaggio popolare dal termine *buffalo* (che a rigore indica i bufali africani ed europei) solo grazie all'assenza, in America, di veri bufali, che noi invece alleviamo. Anche in questo caso si finisce per l'avere un solo termine per due significati diversi, dei quali uno dovrebbe esserci familiare. Un altro meccanismo di ibridazione dell'italiano è messo in opera dalla consistente minoranza di italiani che, pur non conoscendo perfettamente la lingua inglese, è in grado di usarla nel proprio lavoro. Il lessico di questi semi-bilingui è in genere ottenuto innestando una ricca terminologia specifica su una base generale piuttosto gracile. Queste persone tendono a restringere erroneamente l'estensione semantica di molti termini inglesi al significato relativo al proprio settore di lavoro. Parole inglesi generiche e comuni vengono così scambiate per termini tecnici. Spesso, non essendovi in italiano un termine con un valore altrettanto specifico quanto quello attribuito erroneamente a un termine inglese, quest'ultimo, considerato intraducibile, viene importato in italiano nel solo significato tecnico. Poiché la terminologia relativa a ogni particolare settore di lavoro è decisa essenzialmente da "bilingui imperfetti", queste introduzioni di termini inglesi usati impropriamente tendono a stabilizzarsi, contribuendo ad abbassare il livello di conoscenza di entrambe le lingue.

I vari meccanismi di anglicizzazione sono spesso accettati e incoraggiati in base alla convinzione diffusa che l'inglese diverrà inevitabilmente la lingua planetaria o, quanto meno, l'unica lingua del mondo occidentale. Anche se la prospettiva di una vasta comunità completamente priva di barriere linguistiche esercita una forte attrattiva, si sta diffondendo la consapevolezza di quale grave impoverimento culturale dell'umanità ne conseguirebbe.[6] Si tratta comunque di uno scenario non realistico, soprattutto alla luce di fenomeni quali la divaricazione tra l'inglese britannico e quello americano, l'aumento dell'uso dello spagnolo negli Stati Uniti e la divergenza tra brasiliano e portoghese.

Non v'è dubbio che a medio termine l'inglese ap-

[6] Sui rischi dell'omologazione linguistica cfr., ad esempio, l'articolo di Giovanni Sassi ("l'Unità", 23.7.1997), che riporta soprattutto considerazioni del linguista inglese David Daldy, nonché interessanti informazioni sulla mappa dell'attuale situazione linguistica mondiale che lo studioso ha preparato per conto dell'Unesco. È difficile trovare sulla stampa italiana considerazioni sui rischi dell'omologazione linguistica che non provengano da fonti anglofone.

paia vincente come "lingua franca" dei rapporti internazionali. Vi è però un'enorme differenza tra l'uso di una lingua straniera come lingua franca e la reale assimilazione linguistica. Nel passato non solo molte "lingue franche" ma anche molte lingue "imperiali", dopo un periodo anche lungo di predominio, hanno perso rapidamente il proprio ruolo, lasciando riemergere gli strati linguistici sottostanti, che non erano scomparsi.

Si può essere ragionevolmente certi che nei prossimi decenni l'inglese svolgerà in Italia un ruolo di grande importanza, ma si può escludere con altrettanta certezza che l'Italia venga totalmente anglicizzata. Visto che gli inglesi non sono ancora riusciti ad anglicizzare completamente il Galles (la cui lingua locale sopravvive in buona salute accanto all'inglese) presumibilmente fra cinquant'anni un napoletano e un oxoniense saranno ancora linguisticamente distinguibili. Quanto ai rapporti che si instaureranno nella penisola tra l'inglese e le tradizioni linguistiche preesistenti, sono ragionevolmente ipotizzabili almeno tre possibilità:

a) un diffuso bilinguismo inglese-italiano

b) un diffuso bilinguismo inglese-dialetto locale

c) una stratificazione linguistica verticale, con un ristretto ceto superiore anglofono e una massa parlante un *pidgin* puramente orale, costruito mescolando, in proporzioni localmente variabili, "inglese essenziale" (*basic English*), dialetto e residui di italiano.

La scuola, e più in generale una politica culturale consapevole, possono fare certamente molto per favorire l'una o l'altra delle alternative precedenti.

È essenziale lavorare per favorire la prima possibilità, poiché negli altri due casi si avrebbe un gravissimo impoverimento culturale. La grande maggioranza della popolazione, costretta a scegliere tra una lingua puramente orale e locale e una "lingua franca" internazionale non pienamente posseduta, verrebbe infatti privata degli strumenti linguistici necessari per assimilare ed elaborare una cultura letteraria, ricadendo così in una condizione di parziale o totale analfabetismo. Non si tratterebbe di una situazione nuova: è questa la situazione attuale di molte etnie africane, strette nell'alternativa tra lingua tribale e inglese (o francese o portoghese) ed è stata quella europea nel corso dell'Alto Medioevo, con l'alternativa tra il latino e il volgare locale.

Il bilinguismo (o la mescolanza) tra dialetto e *basic English* (con la conseguente inevitabile diffusione dell'analfabetismo) costituisce non solo l'esplicito progetto culturale di alcuni settori leghisti, ma anche l'obiettivo perseguito attraverso la politica linguistica degli enti culturali pubblici che, senza dare un valido aiuto alla diffusione della conoscenza dell'inglese, attuano una continua azione disgregatrice dell'italiano. La televisione di stato, ad esempio, trasmette raramente film americani in lingua originale, ma preferisce ibridare l'italiano con continue iniezioni di inglese. Non a caso un programma di attualità è stato chiamato *Headline*, una trasmissione dedicata all'Italia *Made in Italy* e l'intera linea dei programmi didattici *Rai Educational*. Il Cnr usa una classificazione delle discipline scritta esclusivamente in lingua inglese, così che, in particolare, la denominazione ufficiale data dal Consiglio nazionale delle ricerche agli studi sulla lingua italiana è *Italian Language*. Un ministro dell'Università di qualche anno fa presentò un progetto di legge che prevedeva che le pubblicazioni presentate ai concorsi universitari (di ogni disciplina, *Italian language* inclusa) fossero valutate di più se scritte in una qualsiasi lingua purché diversa dall'italiano. Progetti di legge auto-discriminatori di questo tipo (il progetto era scritto in italiano) non sarebbero immaginabili in alcun altro paese del mondo. Tutti i convegni nazionali organizzati a spese del Cnr o del Ministero dell'Università e della Ricerca scientifica e tecnologica, almeno nel caso di discipline scientifiche, sono tenuti in inglese.[7] Si tratta naturalmente di potenti spinte verso quella che ho chiamato possibilità *b*), tanto più gravi in quanto apparentemente attuate senza alcun progetto culturale consapevole. Se infatti in tutti gli ambienti scientifici gli italiani useranno l'inglese per parlare tra loro è evidente che l'intera terminologia scientifica italiana si perderà in pochi anni.[8] Se in tutti gli altri settori della cultura viene fatta la stessa scelta, l'uso dell'italiano si restringerà a un'area linguistica locale e orale nella quale non potrà che soccombere rapidamente al dialetto.

Cominciano a vedersi tesi di laurea italiane in materie scientifiche scritte interamente in inglese, mentre a Sassari alcuni esami universitari vengono svolti in "lingua sarda".[9]

[7] Cfr., ad esempio, il "Primo convegno nazionale di meccanica celeste", organizzato a L'Aquila nel 1993 dal Consiglio nazionale delle ricerche e dall'Università di L'Aquila, dove, nonostante il titolo del convegno, l'unica relazione in italiano fu la mia. Durante un altro convegno nazionale italiano (si trattava di un gruppo di probabilisti), sostenendo l'opportunità di parlare in italiano tra noi, citai l'esempio dei francesi. Il collega organizzatore (ordinario di analisi matematica) mi spiegò però che i francesi quando parlano tra loro (in particolare di matematica) usano la lingua francese solo perché non riescono a pronunciare l'inglese bene come noi italiani.

[8] Le possibilità di sopravvivenza in realtà non sono molte. Qualche tempo fa l'Unione matematica italiana nominò una commissione allo scopo di definire la terminologia matematica italiana, ma la commissione si sciolse dichiarando di non essere in grado di svolgere il compito affidatole.

[9] Naturalmente non è in discussione l'antichità, l'interesse e la dignità di linguaggi locali come quello sardo. È però un fatto che non è possibile usare tali linguaggi per studiare, ad esempio, matematica, chimica o filosofia. La vera scelta a disposizione dei sardi che vogliono studiare non è quindi quella tra sardo e italiano, ma quella tra italiano e inglese (o tedesco o russo, o qualsiasi altra lingua letteraria). Non mi sembra probabile che la costruzione di un lessico filosofico o chimico apparentemente sardo, ottenuto modificando le desinenze dei termini italiani, abbia realmente un futuro.

5.5. *L'insegnamento dell'italiano e dell'inglese*

Le carenze italiane nell'insegnamento scolastico delle lingue straniere moderne, e in particolare dell'inglese, che sono a tutti evidenti, forniscono un potente aiuto alla disgregazione dell'italiano. L'inglese arriva infatti agli studenti attraverso un'infinità di canali, ma spesso nella forma di singole parole o espressioni, inserite in un contesto ibrido. Solo chi conosce entrambe le lingue può scegliere quale parlare. Gli altri non possono fare altro che accettare l'ibridazione. Un'ulteriore spinta nella stessa direzione viene dalla scelta di insegnare l'inglese nelle scuole italiane usando i metodi didattici elaborati in Gran Bretagna e negli Stati Uniti per assimilare linguisticamente gli immigrati, in particolare evitando come inammissibile ogni esercizio di traduzione tra le due lingue. Credo che su questo punto vi sia un pregiudizio diffuso. Se si vuole apprendere una lingua viva l'obiettivo di imparare a parlare e comprendere la nuova lingua senza passare attraverso la propria è ovviamente essenziale, ma viene raggiunto automaticamente se la seconda lingua è realmente parlata e ascoltata, poiché il nostro cervello è naturalmente predisposto a usare una sola lingua alla volta; lo sviluppo della capacità di effettuare *anche,* qualora si decida di farlo, esercizi di traduzione o comunque di confronto consapevole tra lingue diverse non è invece affatto automatico e richiede uno sforzo intellettuale ben maggiore. Se è quindi evidente la necessità di usare periodi di "immersione totale" per l'apprendimento dell'inglese o di altre lingue, ciò non implica che l'apprendimento di una lingua straniera debba consistere *solo* nell'immersione inconsapevole nel nuovo universo linguistico, evitando in ogni caso come dannosi gli esercizi di traduzione nella propria madre lingua. Se non si riflette mai sul diverso significato di parole italiane e inglesi foneticamente simili si può certo imparare l'inglese, ma solo perdendo allo stesso tempo la padronanza dell'italiano, come è sempre avvenuto agli emigrati di basso livello culturale.

Naturalmente, nelle scuole italiane non solo non si realizza alcuna "immersione totale" nella lingua inglese, ma la pronuncia degli insegnanti lascia spesso a desiderare. La mancanza di confronto consapevole tra le due lingue rischia tuttavia di raggiungere egualmente il risultato di far pagare quel po' di inglese che si impara con la perdita di altrettanto italiano. Si tratta naturalmente di un ulteriore esempio delle concezioni didattiche in base alle quali si cerca di espellere dalla scuola, insieme alle teorie e ai concetti astratti, ogni lavoro intellettuale consapevole.

La sudditanza culturale rispetto ai (fallimentari) modelli didattici anglosassoni raggiunge a volte esiti grotteschi. Un buon esempio è fornito dalle dispense distribuite in un corso di aggiornamento per insegnanti della scuola media tenutosi a Roma.[10] Ne trascrivo un brano relativo alla "cartografia concettuale" (cioè alle "mappe concettuali" di cui abbiamo già parlato nel §1.4), che mi sembra utile anche per mostrare concretamente in cosa può consistere l'attività di "aggiornamento", che molti vorrebbero intensificare:

A. *Attività per avviare gli studenti alla cartografia concettuale*

1. Fare due elenchi di parole sulla lavagna o sul proiettore visivo usando un elenco di parole familiari per oggetti e un altro elenco per avvenimenti. Ad esempio le parole-oggetto potrebbero essere macchina, cane, sedia, albero, nuvola, libro; parole-avvenimento potrebbero essere piovendo, giocando, lavorando, pen-

[10] Si tratta del corso di aggiornamento "Didattica del laboratorio di scienze" diretto dal professor Pietro Perziani e svolto presso la Scuola media statale "Via Bagnera" di Roma dal 17.12.1996 al 20.3.1997.

sando, il tuono, una festa di compleanno. Chiedere ai bambini se possono descrivere il modo in cui differiscono i due elenchi.

Il testo distribuito era stato evidentemente scritto originariamente in lingua inglese. Il tentativo di tradurlo ha dato luogo a un italiano goffo e zoppicante, che lascia trasparire la lingua originale, anche attraverso la sfilza di gerundi. Possiamo dedurne che probabilmente l'autore delle dispense è abbastanza giovane: infatti deve aver frequentato una scuola che aveva già abolito come dannosi gli esercizi di traduzione. Si chiede che i bambini distinguano le parole in due categorie: parole-oggetto e parole-azione. Si tratta evidentemente della meccanica trasposizione di una classificazione originariamente scritta in lingua inglese. Poiché negli Stati Uniti in genere non si sanno più distinguere le parti del discorso (concetti come quelli di "verbo" o "sostantivo" essendo evidentemente troppo astratti e difficili per la nuova scuola) e in inglese, in molti casi, la stessa parola può essere usata sia come verbo sia come sostantivo, può avere un senso classificare nella stessa categoria vocaboli come *thinking, thunderbolt* e *birthday*. Non ha invece alcun senso riproporre l'esercizio in traduzione a dei ragazzi che studiano l'analisi grammaticale, pretendendo per di più che individuino come "parola" l'espressione "una festa di compleanno". A quale livello di sudditanza culturale e psicologica siamo arrivati se pensiamo di poter insegnare a insegnare l'italiano traducendo male un cattivo testo inglese?

È giusto spendere danaro pubblico per "aggiornare" insegnanti di scienze, che avrebbero ben altro da fare e da imparare, fornendo loro la notizia che "pensando" e "lavando" sono "parole-azioni" come *festa di compleanno* e che potranno usare il laboratorio di scienze per affinare gli strumenti concettuali dei loro allievi con elenchi del genere? Un'ultima considerazione: non sarebbe il caso che uno dei tanti esperti di tecnologie multimediali avvertisse l'autore delle dispense che i proiettori visivi vanno utilizzati per proiettare e non per scriverci sopra?

5.6. *Lo studio della civiltà classica*

> Posso dire che, fra tutte le mie esperienze scolastiche, la traduzione dal latino è stata l'attività più vicina alla ricerca scientifica, cioè alla comprensione di ciò che è sconosciuto.
>
> LUCA CAVALLI-SFORZA

L'insegnamento del latino e del greco viene considerato dai più, implicitamente o esplicitamente, uno sconveniente residuo di un passato da cancellare. In effetti, il principale motivo per cui in Italia sopravvive ancora un liceo classico con lo studio obbligatorio del latino e del greco e un liceo scientifico con lo studio obbligatorio del latino è probabilmente la straordinaria inerzia che ha rallentato indefinitamente il processo di riforma della scuola. Quanto sia considerata ormai inessenziale, in Italia, la conoscenza della civiltà classica può essere mostrato con un solo esempio. Oggi è possibile laurearsi in archeologia (nel senso di scegliere un indirizzo archeologico del corso di laurea in lettere o di quello, breve, in conservazione dei beni culturali) senza avere mai studiato né il latino né il greco. Se la conoscenza di queste lingue è considerata ormai inessenziale per chi dovrà occuparsi di archeologia nell'area mediterranea, perché mai dovrebbe interessare il futuro ingegnere o medico?

Tuttavia negli ultimi anni, in previsione della loro abolizione, diverse voci si sono levate in difesa del latino e del greco.[11] Non sono intervenuti solo classicisti o antichisti, ma anche scienziati. Tra questi ultimi è stato particolarmente interessante l'intervento del genetista Luca Cavalli-Sforza, che in un bell'articolo ha messo in guardia i nostri politici dal rischio di abbassare il livello del nostro liceo imitando la fallimentare esperienza americana.[12] Cavalli-Sforza ha difeso le lingue classiche non in quanto veicolo di conoscenza delle civiltà corrispondenti, come immagino avrebbe fatto la maggioranza dei classicisti, ma come strumento utile per sviluppare le capacità scientifiche. L'esercizio di traduzione da una lingua così diversa dalla nostra, soprattutto per la maggiore complessità grammaticale e sintattica, costituisce infatti un lavoro intellettuale impegnativo, che richiede al principiante una lunga serie di formulazioni di ipotesi e tentativi di verifica, fino a trovare un significato coerente con il lessico e la struttura del testo. Si tratta di un lavoro non eseguibile automaticamente, che sviluppa le stesse qualità intellettuali necessarie nella ricerca scientifica.

Cavalli-Sforza ha aggiunto un'interessante osservazione: popoli asiatici come i cinesi e i giapponesi si esercitano in un compito di difficoltà analoga quando studiano la propria scrittura ideografica tradizionale e nell'abitudine a questo esercizio è probabilmente la spiegazione dei risultati da loro conseguiti negli esami di ammissione alle università americane. Si tratta di risultati talmente più brillanti di quelli dei giovani americani da aver fatto sospettare a molti una loro superiorità genetica (che Cavalli-Sforza, che di queste cose s'intende, esclude senz'altro). Un caso simile potrebbe essere quello degli ebrei, il cui alto livello in-

[11] Cfr., tra gli altri, l'articolo di D. Antiseri sul "Corriere della sera" del 3.1.1997, quello di E. Severino sul "Corriere della sera" del 5.3.1997 e quello di R. Di Donato su "La rivista dei libri" del giugno 1997.

[12] "la Repubblica", 27.11.1993.

tellettuale medio ha probabilmente una relazione con la conservazione di uno stretto rapporto con il lontano passato della propria cultura e, in particolare, con l'antica lingua ebraica. Un vantaggio simile è stato assicurato finora agli italiani che hanno studiato il greco o almeno il latino. Ma naturalmente si tratta di studi impegnativi, che non possono aver posto in una scuola per consumatori.

6. La Linea Berlinguer-Maragliano

> I am inclined to think that rulers have rarely been above the average, either morally or intellectually, and often below it.
>
> KARL R. POPPER

6.1. *I principi generali del progetto*

I principi generali della riforma della scuola secondaria italiana avviata dal ministro Berlinguer possono essere sintetizzati in poche parole. Si tratta del progetto, coerente e organico, di smantellare quanto resta della tradizionale scuola secondaria superiore italiana, sostituendola con una moderna "scuola per consumatori" che, seguendo il modello della scuola americana di massa, si limiti ad avviare al consumo il cliente-studente fornendogli prodotti massificati e dequalificati, ma gradevoli e rassicuranti. Non sarebbe giusto attaccare il governo o il ministro per questa scelta. Un governo democratico non può far altro che tentare di realizzare la politica scolastica dettata dalla cultura egemone. Ministri come Falcucci o D'Onofrio avevano imboccato esattamente la stessa strada, ma non avevano avuto la forza politica per percorrerla. Abbiamo già ricordato, ad esempio, che Falcucci aveva tentato di abolire lo studio della storia antica; D'Onofrio cercò invece di introdurre un insegnamento gastronomico, gestito con la collaborazione di non ricordo bene quale organizzazione di ristoratori.

Non è certo colpa di Berlinguer o di Prodi se in Italia la critica alla scuola dequalificata è ancora debole e il dibattito sull'emergenza culturale non si è sviluppato come avrebbe dovuto.[1] Una serie di affermazioni contraddittorie (come le dichiarazioni programmatiche di Prodi sulla centralità dei problemi della formazione e della cultura o quelle di Berlinguer, paradossalmente ripetute più volte, sulla necessità di restituire serietà alla scuola) fanno ritenere che l'oggettiva coerenza del loro progetto sia più il risultato automatico dell'egemonia oggi esercitata dalla linea della dequalificazione che una scelta perseguita con lucidità e consapevolezza. È essenziale cercare di elaborare un progetto alternativo, sperando di avere ancora tempo, prima che sia troppo tardi.

Il primo passo di Berlinguer è consistito nell'accettare l'eliminazione degli esami di settembre decisa dal suo predecessore. Vi ha aggiunto di suo l'idea di colorare i voti. Le attuali diffuse difficoltà nell'uso di enti astratti, di cui abbiamo parlato più volte, riguardano ormai anche concetti una volta considerati semplici, come i numeri naturali. Da queste difficoltà, e dal dominio della cultura dell'immagine, è nata l'idea del ministro di superare la vecchia logica aristotelica, secondo la quale un numero è necessariamente o diverso da sei oppure eguale a sei, distinguendo tra sei di diverso colore.

Il passo successivo è consistito nella promulgazione di uno "statuto delle studentesse e degli studenti", nel quale viene in ogni modo ribadita la natura della scuola come mero luogo di ritrovo e di socializzazione e la centralità degli studenti-clienti, ai quali viene riconosciuto il diritto di scegliere contenuti e metodi delle attività scolastiche.

Il ministro ha poi nominato una commissione di quaranta saggi con lo storico compito di individare "le conoscenze fondamentali su cui si baserà l'apprendimento dei giovani nella scuola italiana nei prossimi

[1] Tra i libri che hanno richiamato l'attenzione sull'emergenza culturale italiana va ricordato R. Chiaberge, *Cervelli d'Italia. Scuola scienza cultura: le vere emergenze del paese,* Sperling & Kupfer, Milano 1996.

decenni". A presiedere la commissione è stato chiamato Roberto Maragliano, un pedagogista esperto di tecnologie didattiche multimediali.

6.2. *Le nuove tecnologie*

Uno dei punti chiave del progetto di Berlinguer prevede l'ingresso massiccio nella scuola delle "nuove tecnologie". L'uso di ipertesti, la navigazione in Internet e altre tecniche "multimediali" dovrebbero assicurare un salto di qualità alla scuola. Maragliano, il presidente della commissione dei quaranta saggi, ha dichiarato:

> Il videogioco è la più grande rivoluzione epistemologica di questo secolo. Ti dà una scioltezza, una densità, una percezione delle situazioni e delle operazioni che puoi fare al loro interno che permette di esaltare dimensioni dell'intelligenza e dello stare al mondo finora sacrificate dalla cultura astratta.[2]

L'obiettivo di deconcettualizzare l'insegnamento, espellendo i concetti astratti dalla scuola, è evidentemente ben chiaro a Maragliano. In lui l'entusiasmo per le nuove tecnologie è quello tipico dell'acquirente passivo, felice della novità e potenza del nuovo giocattolo, gioioso di immergersi totalmente nella realtà virtuale del gioco, ma apparentemente disinteressato sia alla comprensione della tecnologia (ovviamente inaccessibile a un pedagogista) che agli scopi per i quali potrebbe essere usata (che esulano dalle competenze di uno specialista in tecnologie multimediali). Si desidererebbe che Maragliano fosse lasciato giocare in pace.

A proposito delle nuove tecnologie didattiche la

[2] La dichiarazione, contenuta in un'intervista rilasciata a "l'Unità", è riportata da Ferroni nel saggio citato (p. 98, n. 14).

commissione dei quaranta saggi ha sintetizzato le sue conclusioni scrivendo:

> Maggiore attenzione, nell'ambito della didattica, dovrebbe essere data alla utilizzazione di una pluralità di strumenti educativi, quali:
> – [...]
> – impiego delle macchine della conoscenza e dell'elaborazione di informazione e problemi. In particolare gli strumenti multimediali sono estremamente motivanti per bambini e ragazzi, perché non hanno affatto odore di scuola, danno loro il senso di disporre di risorse per il saper fare e consentono di non disperdere, ma valorizzare, in un quadro intellettuale più strutturato, forme di intelligenza intuitiva, empirica, immaginativa, assai diffuse tra i giovani.[3]

Gli estensori del documento, convinti che la scuola puzzi per natura, raccomandano i nuovi strumenti innanzitutto "perché non hanno odore di scuola". L'argomento è evidentemente tautologico: se ai bambini sembra che i libri, e non i computer, odorino di scuola, ciò è evidentemente dovuto al fatto che a scuola si usano molti più libri che computer. Riempendo la scuola di computer ed espellendone i libri, saranno i computer a emanare "odore di scuola". In ogni caso non si può evitare che la scuola odori di scuola; si dovrebbe piuttosto cercare di migliorare la qualità dell'odore.

Quanto all'argomento che i nuovi strumenti "danno il senso di disporre di risorse...", non c'è bisogno di commentarlo. L'abbiamo già fatto implicitamente in tutto il primo capitolo. Il passo più interessante è l'ultima frase sulle "forme di intelligenza intuitiva, empirica, immaginativa". È evidente che non si allude alle forme di intelligenza usate nello scrivere program-

[3] Cito dalla *Sintesi dei lavori della Commissione tecnico-scientifica incaricata di individuare "le conoscenze fondamentali su cui si baserà l'apprendimento dei giovani nella scuola italiana nei prossimi decenni"* (DM. n. 50 del 21.1.1997 e n. 84 del 5.2.1997, a cura del coordinatore Roberto Maragliano, 13.5.1997).

mi per elaborare informazione e risolvere problemi. È quindi chiaro che le "macchine della conoscenza e dell'elaborazione di informazione e problemi" si intendono usate solo come videogiochi, coerentemente con le dichiarazioni di Maragliano già citate.

6.3. *I contenuti dell'insegnamento*

Per quanto riguarda i contenuti dell'insegnamento, la linea del ministro è del tutto chiara e conseguente, anche se non molti l'hanno individuata subito.

Nella sezione 2 del documento sintetico dei quaranta, intitolata *Le coordinate metodologiche della nuova scuola,* è scritto:

> È necessario operare un forte alleggerimento dei contenuti disciplinari.

Il primo "alleggerimento" ha riguardato i programmi di storia, modificati con il decreto ministeriale del 4.11.1996, che ha riservato un intero anno alla storia del Novecento. L'esigenza, unanimemente condivisa, di informare gli studenti sugli avvenimenti più recenti ha sviato l'attenzione dal punto essenziale del provvedimento. Il decreto, per trovare lo spazio necessario allo studio dell'intero Novecento, non ha diminuito (come a molti sarebbe sembrato più logico) il peso nei programmi dei secoli immediatamente precedenti, ma ha dimezzato il tempo dedicato all'insegnamento della storia antica. Inoltre, non solo la quantità, ma anche la qualità dell'insegnamento della storia non contemporanea è stata profondamente mutata. Precisi riferimenti fattuali e cronologici sono infatti previsti solo per lo studio del Novecento. Il resto sarà studiato per vaste sintesi qualitative. Gli italiani del futuro sapranno quindi ben poco della civiltà greca o del Medioevo europeo, ma in compenso conosceranno in dettaglio le date dei crimini di Hitler e di Stalin. Sarà un guadagno? È certamente importante che eventi come l'Olocausto non siano dimenticati e i nuovi programmi permetteranno di dedicarvi ampio spazio. Ma come si potrà utilizzarlo se gli studenti, non possedendo sufficienti conoscenze di storia antica, non sapranno più chi sono gli ebrei?

Una caratteristica particolarmente illuminante della riforma di Berlinguer dei programmi di storia è consistita nella loro attuazione non graduale. Gli studenti che l'anno scorso hanno seguito i vecchi programmi quest'anno seguono i nuovi, che non ne costituiscono la continuazione. Chi era arrivato alla rivoluzione francese deve ora studiare il Novecento; chi era rimasto ad Alessandro Magno deve occuparsi di Medioevo e così via.

Un gruppo di circa millecinquecento professori di storia ha sottoscritto un appello per la conservazione dello studio della storia antica, qui riportato in appendice, ma non è riuscito a far ricevere una propria delegazione dal ministro.

Con il decreto del 4.11.1996 (è questo il punto essenziale!) il ministro ha sottratto il quadro storico indispensabile allo studio delle letterature, della filosofia e delle arti figurative classiche, dando il via alla demolizione della tradizione dell'insegnamento liceale e recidendo quel legame particolare con la civiltà classica che ha caratterizzato finora la cultura italiana. Le intenzioni dei "saggi" su questo argomento sono chiarite nella sintesi dei lavori, dove è scritto:

> La tradizione classica costituisce un patrimonio importante per il nostro paese: è necessario che gli italiani sentano come propri e conoscano i monumenti fra cui vivono per stabilire un proficuo rapporto con il loro ambiente storico e geografico.
> Naturalmente il nostro passato greco-latino non dovrà essere necessariamente noto a tutti attraverso la diretta conoscenza delle due lingue: l'approfondimento delle condizioni di vita,

delle culture, dei mondi fantastici e istituzionali dei due popoli potrà essere affidato a resoconti in chiave moderna che sappiano utilizzare anche nuovi e nuovissimi strumenti di comunicazione.

La cultura classica sarà quindi ancora studiata, ma i contenuti dello studio saranno talmente "alleggeriti" da poter essere "approfonditi" utilizzando "nuovi e nuovissimi strumenti di comunicazione". La conoscenza delle civiltà greca e romana sarà forse basata sulla visione di qualche *colossal* hollywoodiano, o magari di cartoni animati mitologici *made in Japan*. Si parla di conoscenza dei monumenti fra i quali si vive, ma, dato il silenzio della commissione e del ministro sull'insegnamento della storia dell'arte[4] e l'impostazione localistica dello studio della storia, sulla quale torneremo, ci si riferisce probabilmente solo all'ubicazione dei monumenti del proprio quartiere.

Il documento precisa che "il nostro passato greco-latino non dovrà essere necessariamente noto a tutti attraverso la diretta conoscenza delle due lingue". Una tale ovvietà (non è mai accaduto, neppure all'epoca di Giulio Cesare, che il latino e il greco siano stati "noti necessariamente a tutti") non avrebbe alcun senso se non intendesse alludere a qualcosa di diverso. Chi continuerà a studiare le due lingue? I "saggi" precisano, subito dopo il brano riportato, che uno specifico percorso scolastico che comprenda lo studio delle lingue classiche sarà "destinato alla formazione dei futuri antichisti". Si tratta quindi di conoscenze considerate di nessuna utilità formativa e culturale, che saranno riservate esclusivamente a chi vorrà divenirne uno specialista. Non si capisce, d'altra parte, perché si dovrebbe riservare uno specifico percorso scolastico nella scuola secondaria alla preparazione di specialisti in

[4] Su questo punto cfr. l'articolo di Cesare de Seta sul "Corriere della sera" del 4.2.1998.

materie di nessun interesse generale. È chiaro che si tratta solo di un passo intermedio verso l'abolizione totale dello studio delle lingue classiche nella scuola secondaria. L'Italia, nonostante l'asserita importanza della sua tradizione classica, da questo punto di vista scavalcherà gli altri paesi europei, nei quali in genere lo studio delle lingue classiche, o almeno del latino, esiste come scelta opzionale anche per chi non ha l'intenzione di dedicarvisi professionalmente.

Si può immaginare che i "resoconti in chiave moderna", cui sarà affidata la conoscenza della civiltà classica, non includeranno la storia della filosofia antica, il cui studio dovrà quindi essere abolito anch'esso. D'altra parte è del tutto impossibile studiare la storia della filosofia medievale e moderna ignorandone i precedenti antichi. Bisognerà quindi eliminare del tutto la storia della filosofia. Il documento di sintesi della commissione dei "saggi" lo dice esplicitamente, precisando che sarà sostituito con un insegnamento di "elementi di filosofia", eguale per tutti gli indirizzi, che tratterà questioni di etica (in particolare "a partire dai temi dei diritti/doveri, della cittadinanza, della bioetica, della medicina") e "questioni di logica, di verità e plausibilità, in relazione ai problemi epistemologici e alle diverse forme di linguaggi convincenti e persuasivi". Il documento assicura inoltre che sarà dato il giusto peso alle "scienze sociali", specificando che "temi come [...] il formarsi della personalità, il funzionamento dei gruppi, il linguaggio, la comunicazione e i suoi strumenti (in particolare i media) andranno affrontati con adeguati strumenti tecnici, teorici e concettuali".

Dopo la storia, il latino, il greco, e la storia della filosofia, il *forte alleggerimento* coinvolge anche la letteratura italiana. Negli istituti tecnici, che saranno terminologicamente promossi a licei, sarà abolito infatti lo studio della letteratura italiana; si insegnerà invece genericamente a "saper scegliere e gustare le proprie letture" e soprattutto (come è doveroso in una scuola per consumatori) a "orientarsi nella produzione libraria".

È innegabile l'importanza di questi obiettivi. Il punto è un altro: cosa si può fare per elevare la capacità dei giovani di "scegliere e gustare le proprie letture" e "orientarsi nella produzione libraria"? Una volta si insegnava la storia della letteratura. Domani cosa si farà? Non vi sono dubbi sul fatto che un corso di laurea in matematica potrebbe considerarsi perfetto se riuscisse a formare dei giovani capaci di "orientarsi nella produzione matematica", ma per ottenere questo scopo non è facile immaginare uno strumento diverso dallo studio della matematica.

Molti avevano probabilmente creduto che "l'alleggerimento dei contenuti" si sarebbe concentrato sulle materie classiche, umanistiche e filosofiche, considerate poco "attuali". Non è così. Tra gli enti che Berlinguer è riuscito a coalizzare nella difesa delle conoscenze vi è anche il Touring Club Italiano, che difficilmente potrebbe essere accusato di essere poco sensibile all'attualità.[5] Un altro provvedimento del ministro è consistito infatti nella totale abolizione dello studio della geografia nelle scuole sperimentali che dovranno applicare già da quest'anno i programmi riformati. Il Touring Club ha organizzato un convegno (a Milano il 20.11.1997) per tentare di difendere almeno le conoscenze geografiche dalla scure del ministro.

Ho lasciato per ultimo l'insegnamento scientifico, sul quale la commissione ha scritto:

> Va tenuto conto che gli insegnamenti scientifici sono ancora oggi legati in gran parte ad un apprendimento dai testi. È quindi essenziale un profondo ripensamento dei modi, spesso pedanti, con cui sono esposte le scienze in simili strumenti: si tratta insomma di lavorare a rendere meno labile il linguag-

[5] Cfr. Nino Amadore, *Disorientamento scolastico al via,* in "Qui Touring, la rivista del Touring Club Italiano", ottobre 1997.

gio scientifico evoluto, almeno nei suoi aspetti più elementari. In questa operazione possono essere utili gli strumenti multimediali di simulazione, il cui ruolo e le cui funzioni andranno chiaramente identificati e promossi, particolarmente in rapporto all'esigenza di disporre di rappresentazioni mentali efficaci e operative.

L'ambiguità del termine simulazione potrebbe forse ingannare qualcuno se il suo significato non fosse chiarito dal contesto. L'apprendimento della fisica, ad esempio, può certo giovarsi moltissimo dell'uso di "simulazioni", se con tale termine si intende l'elaborazione di programmi che simulino fenomeni. Per elaborare programmi del genere occorre però studiare sia qualcosa di fisica sia qualcosa di programmazione: due argomenti inaccessibili senza l'uso non solo del linguaggio ordinario, ma anche del linguaggio matematico e di altri linguaggi specialistici: sono quindi necessari proprio i modi qui giudicati "pedanti" di insegnare e di apprendere, tipici di quegli strumenti arretrati che, a giudizio dei "saggi", sono i libri, colpevoli di usare linguaggi "labili".

L'obiettivo additato dalla commissione non è solo quello della deconcettualizzazione, ottenuta evitando che nella testa dei ragazzi penetrino concetti scientifici (avversati in quanto, per loro natura, astratti e teorici). Ci si propone un obiettivo ben più ambizioso: quello della deverbalizzazione, ottenibile eliminando anche gli strumenti linguistici ordinari, tipici dei testi scritti, che ci si propone di sostituire con "rappresentazioni mentali efficaci" che dobbiamo supporre provocate da immediate percezioni di colori e suoni. Si pensa forse a qualche animazione che possa mostrare aspetti spettacolari e immaginifici di "verità scientifiche", o anche, di nuovo, a videogioci.

In realtà lo studio della scienza esatta, e in particolare della fisica, non può basarsi né sulle "forme di intelligenza intuitiva e immaginativa" che piacciono tanto ai nostri "saggi" né sulla percezione delle "rappresentazioni mentali" immaginate dai nostri esperti di tecnologie didattiche. La scienza esatta si è anzi sviluppata, sin dall'antichità, proprio superando l'illusione di poter costruire semplici schemi intellettuali basati direttamente sulla realtà percepibile ed elaborando faticosamente i linguaggi astratti e teorici suscettibili di descrivere non solo il mondo sensibile, ma infinite realtà progettabili.[6]

Una volta portata a termine la riforma della scuola, non solo gli strumenti multimediali di simulazione, ma anche il relativo *software* didattico dovranno necessariamente essere importati. La produzione di *software* attraente, a differenza del suo consumo passivo, richiede infatti forme di intelligenza immaginativa, ma anche competenza e disciplina intellettuale, quali si formano solo in scuole serie, senza le quali è impossibile tradurre idee fantasiose in prodotti funzionanti e gradevoli.

Ci si può forse chiedere come faranno gli studenti ad affrontare "problemi epistemologici" (come è scritto nel documento a proposito degli "elementi di filosofia") avendo una cultura scientifica limitata alle "rappresentazioni mentali" suggerite dalla visione di qualche simulazione multimediale. Chi si è posto questa domanda ha però dimenticato cosa intende Maragliano per "epistemologia" ed è rinviato alla sua dichiarazione riportata all'inizio del § 6.2.

Come sarà usato il tempo reso disponibile dal "forte alleggerimento dei contenuti disciplinari?" È vero che si è progettato di alleggerire di molto anche il tem-

[6] Questo punto (che per la verità è chiaro a chiunque abbia studiato della fisica o della filosofia) è stato rispiegato recentemente da Massimo Piattelli Palmarini, che ha mostrato come la fisica e la psicologia smentiscano le opinioni dei nostri riformatori della scuola (*Fisica, quando l'apparenza inganna*, "Corriere della sera", 10.12.1997). Piattelli Palmarini cita opportunamente Paolo Bozzi (cfr. in particolare la sua *Fisica ingenua*, Milano 1990), che tra l'altro ha dimostrato come il compito di spiegare le percezioni sia svolto meglio dalla filosofia naturale aristotelica che dalla successiva scienza esatta.

po della scuola, innanzitutto riducendo a un solo triennio la vera scuola secondaria, e poi introducendo nuove vacanze invernali, la settimana corta e le "ore brevi", ma resteranno comunque molte ore da trascorrere negli edifici scolastici. Come saranno impiegate?

Gli studenti sceglieranno tra varie possibilità: i tanti che opteranno per il previsto nuovo indirizzo socio-psico-pedagogico saranno presumibilmente occupati soprattutto a discorrere di se stessi e della propria scuola. Gli altri potranno dedicare alcune ore ai discorsi sui linguaggi e sui media che sostituiranno la storia della filosofia, oppure potranno forse intrattenersi con le decine di migliaia di giovani che, secondo una proposta di legge, dovrebbero essere assunte a questo scopo a tempo pieno in ogni scuola, in numero di uno ogni ottanta allievi, con la qualifica di "psicologo". È indubbio che la riforma della scuola provocherà un forte calo della disoccupazione intellettuale dei laureati in sociologia, psicologia e pedagogia.[7]

Nel tempo rimasto gli studenti potranno dedicarsi a varie attività, come teatro, fotografia, danza, arti marziali o giardinaggio, a seconda delle proprie preferenze e delle offerte delle scuole del quartiere.[8]

Inoltre nella nuova scuola sarà dato un notevole spazio a corsi "educativi", nei quali gli studenti apprenderanno le norme di comportamento cui dovranno conformarsi. È previsto in particolare un forte incremento, anche nella valutazione, del peso dell'educazione civica. Il sottosegretario verde alla pubblica istruzione ha assicurato, dal canto suo, che dall'anno prossimo nelle scuole saranno tenuti appositi

[7] Tale calo provocherà naturalmente un aumento degli iscritti (e quindi delle cattedre) delle facoltà corrispondenti. Si tratta di un effetto certamente benvisto dai sociologi, psicologi e pedagogisti che stanno organizzando la riforma.

[8] Cfr., ad esempio, l'articolo di Giulio Benedetti *È l'ora della scuola supermarket*, "Corriere della sera", 3.2.1998, che ospita anche autorevoli voci di dissenso.

corsi di "educazione animalista", nei quali si insegnerà a rispettare gli animali.

È inutile dire che la riforma della scuola imporrà un radicale "forte alleggerimento dei contenuti disciplinari" anche nell'insegnamento universitario (a meno di non importare gli studenti universitari dalla Corea e dal Giappone).

Naturalmente la nuova scuola richiede nuovi docenti. Uno dei principali strumenti per formarli è costituito dai "corsi di perfezionamento" che le università hanno iniziato a organizzare per i neolaureati che aspirano a divenire insegnanti. La Terza Università di Roma[9] offre, ad esempio, i seguenti "corsi a distanza":

- didattica dell'orientamento
- didattica generale e museale
- metodi della valutazione scolastica
- tecnologie per l'insegnamento
- educazione interculturale.

Nei "corsi a distanza", non occorre che i docenti incontrino gli allievi. I corsi, in quanto tali, possono essere puramente virtuali. Per "perfezionarsi" basta rimanere a casa, purché si versi la somma di settecentomila lire. In cambio si riceveranno dei fascicoli di dispense e, soprattutto, sei "punti", che permetteranno di superare, nelle graduatorie degli aspiranti insegnanti, i colleghi che avessero preferito non versare il danaro. Per ottenere i punti bisogna per la verità anche scegliere un po' di risposte giuste in un questionario, che però, previa presentazione di certificato medico, può essere compilato con calma a casa propria. Confrontando i quiz con le dispense e disponendo di tempo e di consulenti, non è troppo difficile tracciare

[9] L'esempio della Terza Università di Roma è particolarmente interessante in quanto la sua Facoltà di Scienze della formazione, alla quale appartiene tra gli altri anche Maragliano, costituisce uno dei principali centri di elaborazione della politica scolastica governativa.

un po' di crocette nei quadratini giusti, raggiungendo così, se non la perfezione, almeno il "perfezionamento" in "educazione interculturale", o in qualche altro argomento del genere.

Moltiplicando le settecentomila lire per il numero dei laureati disoccupati si ha un'idea delle dimensioni della torta reale che corrisponde ai virtuali "corsi a distanza". Gli specialisti di "scienze della formazione" ai quali il governo sta affidando il futuro della scuola italiana non solo hanno utilmente ridimensionato il proprio ruolo scoprendo che la formazione dei formatori può ridursi all'invio di un unico pacco postale, ma hanno anche realizzato il miracolo di trasformare la disoccupazione intellettuale in una lauta fonte di risorse.

6.4. *La cancellazione dell'identità culturale italiana*

Nel provvedimento di Berlinguer riguardante i "licei tecnici" vi è un aspetto importante: sostituendo la "letteratura italiana" con l'"orientamento nella produzione libraria" l'aggettivo *italiano* è scomparso. La produzione che interessa è evidentemente quella internazionale. È stato sottolineato come l'insegnamento della letteratura italiana abbia rappresentato il principale strumento per trasmettere nella scuola il senso dell'identità culturale nazionale.[10] Il disegno opposto, consistente nella cancellazione della nostra identità culturale, passa evidentemente per l'abolizione del-

[10] Oltre al saggio di Ferroni già citato più volte, cfr. C. De Michelis, *Perché si deve insegnare la storia della letteratura italiana,* in A. Abruzzese, C. De Michelis, E. Galli della Loggia, *Sostiene Berlinguer. La scuola brucia. Chi la salverà?,* Venezia 1997. L'attacco del ministro allo studio della letteratura italiana ha destato tra gli italianisti vivo allarme, espresso in convegni e in interventi sulla stampa quotidiana. Tra questi ultimi ricordiamo gli articoli di Cesare Segre (sul "Corriere della sera") e di Vittore Branca (sul "Sole 24 ore").

l'insegnamento della letteratura italiana. Non a caso tra i quaranta esperti nominati dal ministro non vi erano studiosi della materia.

L'eliminazione dei contenuti dell'insegnamento è in realtà strettamente legata alla denazionalizzazione. Se infatti l'unico contenuto culturale proposto dalla scuola statale sarà la fruizione di immagini e videogiochi prodotti dall'industria internazionale dei media, in cosa potrà consistere la nostra identità? D'altra parte la cancellazione della nostra identità nazionale richiede evidentemente la scomparsa di tutti i contenuti della nostra tradizione culturale. I leghisti sono all'avanguardia in entrambi i processi, ma non sono affatto isolati. Gli studenti che hanno partecipato ai cortei organizzati il 16 ottobre 1997 dall'Uds (un'organizzazione vicina alla Cgil) per sostenere e stimolare la politica scolastica del governo hanno marciato cantando gioiosamente le sigle dei cartoni animati giapponesi che hanno guidato la propria formazione di tele-utenti. *Ufo-Robot* e *Goldrake* costituiscono le bandiere di un programma di politica culturale cui bisogna riconoscere il merito della chiarezza.

Il processo di denazionalizzazione si avvale anche dei nuovi programmi di storia, in cui è previsto che ogni scuola possa scegliere quale peso dare alla storia della singola realtà regionale o municipale cui appartiene.

Quanto all'insegnamento linguistico, il documento di sintesi della commissione dei quaranta contiene indicazioni contraddittorie, che mostrano come anche nella commissione la linea della dequalificazione e della cancellazione dell'identità culturale non sia stata incontrastata. Nel documento si sottolinea infatti l'importanza della lingua scritta e l'urgenza di sviluppare "la capacità di scrivere correttamente ed efficacemente in italiano", senza accettare le "attuali tendenze comunicative dei mass-media". Poco prima si era però insistito sull'esigenza di superare la vecchia "scuola della verbalità e dei saperi post-verbali", grazie alla manualità e alla capacità di controllare le nuove tecnologie. Anche il brano seguente suscita qualche preoccupazione:

> [...] sarebbe opportuno proporre per tutti, fin dai primi anni di scuola, l'apprendimento e l'uso di un inglese essenziale, non letterario, da utilizzare anche con i compagni immigrati [...]

La cancellazione dell'identità culturale italiana sarà completa quando nelle nostre scuole elementari i vari immigrati potranno parlare tra loro e con i nati nella penisola ex italiana attraverso una lingua basata sull'inglese, che nascerà spontaneamente miscelando inglese "essenziale" (cioè sgrammaticato) col dialetto del luogo e le lingue di origine degli immigrati. Si tratterà naturalmente di un linguaggio orale e locale, non letterario, utile per mantenere i ragazzi nella condizione di analfabetismo auspicata da chi depreca l'uso dei libri.

7. Possibili contenuti di una buona scuola

Supponiamo che un'improvvisa resipiscenza o qualche altro evento freni o sospenda la demolizione di ciò che resta della scuola italiana, concedendole ancora del tempo. Potrebbe allora farsi strada la consapevolezza che per "individuare le conoscenze fondamentali su cui si baserà l'apprendimento dei giovani nella scuola italiana nei prossimi decenni", come recita il decreto di Berlinguer, non basti una commissione di nomina ministeriale dominata da esperti di forme della comunicazione, ma occorra un dibattito vasto e profondo cui partecipino le migliori forze intellettuali e in primo luogo gli esperti dei contenuti candidati ad essere comunicati. È evidente però che il compito di individuare le conoscenze fondamentali non può essere suddiviso tra gli specialisti delle varie discipline; tale individuazione può essere solo il risultato di un confronto tra diverse posizioni. Un tale confronto potrebbe essere un'occasione preziosa per rilanciare il dibattito culturale e superare gli asfittici confini delle specializzazioni accademiche, sfidando la convinzione, oggi molto diffusa, che non essendovi più una cultura, ma solo tanti "saperi" reciprocamente estranei e incommensurabili, non vi sia più alcuna conoscenza fondamentale da trasmettere.

Questo capitolo vuole essere un contributo al dibattito, nella speranza che l'ipotesi precedente si realizzi.

7.1. *La razionalità scientifica*

La scienza consiste nella formulazione di "teorie" per spiegare i "fatti". Chiunque si opponga all'uso di concetti teorici in nome della concretezza conduce quindi una battaglia contro il metodo scientifico. Se si pensa di poter sostituire i concetti teorici con oggetti concreti, dimenticando per esempio la differenza tra segmenti e bastoncini, si può credere che la scienza si riduca alla descrizione dell'uso e dei risultati di una potente tecnologia dalla logica misteriosa, o che consista di una serie di "oggetti" e "fatti" estranei all'esperienza dell'uomo comune, ma nella cui esistenza bisogna credere per la fiducia dovuta agli scienziati (e che possono essere mostrati "in effigie" in qualche programma di animazione). Il metodo scientifico viene così totalmente dimenticato. Come criteri di verità divengono concepibili solo il principio d'autorità, il criterio "giuridico", basato sul numero e l'attendibilità delle testimonianze, e quello "democratico", basato sul conteggio dei sostenitori dell'una o dell'altra tesi. Si tratta di criteri potentemente propagandati dai media e ormai generalmente accettati. In alcuni degli stati degli Usa l'insegnamento della teoria dell'evoluzione biologica è vietato. In altri stati, più liberali, i manuali possono accennare all'argomento, purché precisino che quanto è avvenuto prima dell'esistenza dell'uomo, data la mancanza di testimoni, può essere oggetto solo di congetture. In Italia una recente sentenza della III sezione penale della Cassazione ha stabilito che la diffusione della magia e della chiromanzia dà di per sé legittimità all'attività dei maghi e rende necessario riconoscere l'"utilità collettiva" di questo tipo di professioni. Si può notare che la sentenza è tardiva, in quanto da decenni la Rai, ripristinando una prassi che era stata interrotta per alcuni secoli, diffonde oroscopi di stato, preparati da astrologi pagati con danaro pubblico.

In una buona scuola secondaria uno dei contenuti principali dell'insegnamento dovrebbe consistere in un'introduzione al metodo scientifico. Si tratta di un compito ormai molto difficile ma irrinunciabile. Le basi del metodo scientifico possono essere trasmesse solo spiegando agli studenti delle "teorie" semplici utilizzabili per spiegare dei "fenomeni" nel senso originario della parola, cioè delle osservazioni da loro effettuabili. Tra le teorie l'antica geometria razionale merita un posto del tutto speciale per vari motivi. Innanzitutto perché è difficile immaginare un insegnamento il cui valore didattico sia stato meglio collaudato: la geometria razionale ha costituito infatti nell'arco di ventitré secoli l'iniziazione al metodo scientifico di tutti gli scienziati (inclusi, va sottolineato, i creatori delle teorie che oggi sono ritenute il cuore della scienza contemporanea). In secondo luogo perché i tentativi di insegnare il metodo dimostrativo con strumenti diversi (in particolare usando teorie matematiche prive di riferimenti concreti, come si è provato a fare in Francia) sono falliti miseramente. Infine va sottolineato che l'Italia è oggi un paese in cui esistono ancora dei professori in grado di insegnare la geometria razionale, mentre il suo abbandono creerebbe una frattura insanabile.

Le altre teorie scientifiche da inserire nell'insegnamento dovrebbero essere scelte in base alla loro semplicità (che deve consentire agli studenti di risolvere almeno alcuni esercizi) e all'accessibilità della fenomenologia corrispondente. È invece inutile e controproducente la divulgazione superficiale di notizie vaghe su teorie difficili, nate per spiegare esperimenti lontani dalla portata degli studenti. Per scegliere teorie abbastanza semplici si possono usare due sistemi: o si adattano delle teorie "superate", oppure le si elabora a scopo didattico. Per fare un esempio del primo tipo, potrebbe essere utile un'esposizione coerente dell'antica ottica corpuscolare, basata sull'interpretazione che tale teoria offre di una serie di semplici esperimenti, facilmente riproducibili, e seguita dall'effettuazione di qualcuno degli esperimenti che la mise in crisi. Insegnamenti di questo tipo renderebbero chiaro sia il rapporto tra teoria ed esperimenti, sia la possibilità di continuare a usare utilmente teorie "superate". L'analisi teorica di questi problemi potrebbe fornire una seria introduzione allo studio della filosofia della scienza, che in genere rimane slegato dall'insegnamento della fisica. Gli studenti, restituendo al concetto di "verità scientifica" il suo vero valore, sarebbero vaccinati dal totale relativismo che nega ogni valore al metodo scientifico, senza essere per questo spinti verso forme di ingenuo positivismo. Bisognerebbe soprattutto trasmettere l'idea che la scienza fornisce un metodo generale per risolvere molti problemi e non Verità Ultime da accettare e memorizzare.

Anche se alcune nozioni di storia della scienza dovrebbero essere incluse nei programmi, parlando di teorie fisiche "superate" non intendo, ovviamente, riferirmi all'esposizione filologicamente esatta di teorie antiche, ma a loro utili adattamenti. Adattare una teoria (e non semplicemente la sua esposizione) è naturalmente un lavoro non banale, che richiede l'impegno di scienziati e non di esperti in tecnologie didattiche.

Gli sviluppi più recenti dovrebbero influenzare l'insegnamento soprattutto in profondità, suggerendo punti di vista più attuali anche su argomenti in sé classici. Ad esempio in seguito alla diffusione dei calcolatori i programmi di matematica dovrebbero essere modificati eliminando algoritmi non più usati che non abbiano valore formativo, introducendo metodi iterativi facilmente programmabili e aumentando il peso della matematica discreta. Inoltre l'uso del calcolo automatico, rendendo accessibili soluzioni numeriche di molti problemi, ha tolto interesse ai trucchi utili per risolverli in casi particolari, spostando l'attenzione verso le caratteristiche qualitative delle soluzioni. Questa nuova filosofia può e dovrebbe avere una ricaduta (da discutere in dettaglio) anche sull'insegnamento secondario. Ad esempio rotture spontanee di simmetria o biforcazioni di soluzioni possono essere descritte in problemi di fisica classica che possono essere trattati esplicitamente e con completezza in una scuola secondaria. Dal punto di vista delle applicazioni lo studio della fisica (classica) potrebbe essere in molti casi aggiornato inserendo riferimenti a fenomenologie attuali, ad esempio relative alle tecnologie usate in varie attività sportive.

Il massimo livello di aggiornamento dell'insegnamento scientifico può ovviamente essere ottenuto accennando a problemi scientifici aperti. Ho verificato più volte che l'interesse dei giovani, anche delle scuole secondarie, può essere molto stimolato in questo modo. Se si vuole attirarli verso la scienza, e non in direzione opposta, occorre però formulare domande semplici e chiare di cui non si conosce la risposta (non ci sarebbe che l'imbarazzo della scelta) e non accennare risposte oscure a domande non formulate.

7.2. *L'insegnamento della storia*

In un tempo come il nostro, caratterizzato da una forte accelerazione dei mutamenti tecnologici e sociali, uno strumento essenziale per cercare di capire la direzione dei cambiamenti e aumentare la consapevolezza delle nostre scelte consiste nel guardare alla storia su una scala temporale più ampia. Un esempio: se si guarda all'attuale rivoluzione dell'informazione sulla scala dell'ultimo secolo non si scorge certamente nulla di paragonabile nel passato. Le cose cambiano se osserviamo il fenomeno su una scala millenaria. In questo caso ci accorgiamo di vivere una trasformazione importante tra le tante che si sono succedute: l'invenzione della scrittura come tecnica complessa riservata a pochi funzionari, la diffusione del libro in Grecia all'epoca di Platone, l'invenzione della stampa: tutti avvenimenti che trasformarono in modo profondo la cultura delle rispettive epoche. Naturalmente lo studio di quegli antichi avvenimenti non può fornire alcuna facile ricetta per il futuro, ma ci permette di esaminare il presente con una profondità che non può essere neppure sospettata da chi è privo di passato.

Tra gli avvenimenti del passato per noi essenziali, in quanto hanno plasmato in modo radicale e duraturo, almeno a tutt'oggi, la nostra civiltà, dobbiamo certamente includere eventi lontani nel tempo, come la nascita dell'agricoltura, l'invenzione della scrittura, la formazione delle religioni ebraica e cristiana, l'elaborazione del diritto romano…

La tendenza a privilegiare la storia recente, ritenendo che l'unica scala temporale che veramente ci interessi sia quella di breve periodo, è effetto e causa di profonda ignoranza. La storia di lungo periodo fornisce strumenti concettuali preziosi per approfondire la comprensione della civiltà attuale, ma naturalmente non è utilizzabile per dedurre informazioni di utilità pratica immediata (se si escludono quelle sull'ubicazione dei monumenti). L'eliminazione o la radicale riduzione dello studio della storia antica è quindi un'altra manifestazione dello stesso processo di deconcettualizzazione che, per una presunta esigenza di concretezza, porta a sostituire lo studio consapevole con esperienze immediate e irriflesse, l'insegnamento con prescrizioni di comportamenti, i segmenti con bastoncini e la fisica con un insieme di meri "fatti". La riduzione della storia a "storia del presente" tende, in particolare, a sovrapporla all'educazione civica, finalizzandone lo studio all'apprendimento di una serie di norme di "corretto" comportamento civile e politico.

7.3. *La civiltà classica*

Non tutto il passato ha per noi lo stesso peso. Per chi abbia qualche interesse culturale l'essenzialità dello studio della civiltà classica è evidente. La filosofia, la storiografia, la letteratura, il diritto, le arti figurative, le religioni e ogni altro aspetto della nostra civiltà diventerebbero infatti del tutto incomprensibili ignorandone le radici classiche. Altre civiltà, come quella dell'antico Egitto, sono state certamente altrettanto essenziali per determinare il mondo di oggi, ma la loro influenza è stata indiretta. Nessun pensatore dell'Europa moderna ha avuto scritti dell'Egitto faraonico o paleo-babilonesi tra le proprie fonti. Sulle opere greche si sono invece formati Cartesio e Kant, Shakespeare e Galileo, Newton e Marx, Freud e Popper.[1] Non si sa mai; queste pagine potrebbero un giorno finire nelle mani di qualcuno che ha frequentato la scuola riformata secondo le indicazioni di Maragliano. A costui va detto che i signori appena elencati non sono stati degli "antichisti", ma uomini di successo in diverse attività intellettuali, vissuti in secoli diversi, ma tutti prima che dei "saggi" decidessero di riservare lo studio delle opere classiche ai soli aspiranti antichisti.

Non è un caso se termini come poesia, storia, armonia, filosofia, scuola, politica, teatro, democrazia, musica... sono tutti di origine greca. Non si tratta di parole coniate da qualche intellettuale moderno con il pallino della classicità, ma dei veicoli attraverso i quali la cultura greca, che li aveva generati, ha trasmesso i concetti corrispondenti alla civiltà moderna. L'uso attuale è in genere diverso da quello originario, ma è sempre ad esso connesso in modo profondo.

C'è a mio parere un motivo particolare che rende

[1] Molti di coloro che amano considerarsi popperiani ignorano o sottovalutano le conoscenze e capacità di Popper nell'ambito della filologia classica.

essenziale per noi la civiltà classica e la civiltà greca in particolare: si tratta della civiltà che ci ha dato la scienza. La contrapposizione, visibile anche nei nomi dei nostri licei, tra una cultura "classica" o "umanistica" e una cultura "scientifica" tende a nasconderci che non solo la scienza è nata nel mondo greco, ma autori greci come Euclide e Archimede hanno continuato a fornire una guida essenziale alla rivoluzione scientifica moderna.[2] Non a caso tra gli antichi concetti trasmessici attraverso l'uso di termini greci vi sono anche quelli di matematica, fisica, astronomia, meccanica, ottica, chimica, tecnica, macchina, logica, analisi, sintesi, teorema, fenomeno, teoria,...

Ogni civiltà costruisce la propria storia scegliendo gli aspetti del proprio passato che considera rilevanti. Chi pensa che la razionalità scientifica sia oggi essenziale dovrebbe privilegiare, nello studio della storia, la civiltà greca. Vi troverebbe molti antidoti all'attuale dilagare dell'irrazionalismo.

Dovrebbe essere chiaro che non si può conoscere profondamente una civiltà senza conoscerne la lingua. Ovviamente non si può pensare di insegnare il latino e il greco a tutti, ma il riservarne la conoscenza, anche in Italia, a un piccolo gruppo di specialisti, analogo a quello attuale degli assirologi, porterebbe a compimento una frattura culturale senza precedenti, oggi già in corso di attuazione in buona parte del mondo occidentale, e dalle conseguenze di enorme portata.

Se la comunità rinunzierà a leggere le opere greche e latine attraverso una consistente minoranza, non avremo perso solo la letteratura, la filosofia e la scienza classiche, ma avremo buttato anche la chiave indispensabile per capire quasi tutta la filosofia e la letteratura moderne e non potremo più nemmeno leggere scienziati come Galileo e Newton, che scrissero buo-

[2] Questo punto è sviluppato nel mio libro *La rivoluzione dimenticata*, Feltrinelli, Milano 1996.

na parte delle loro opere in latino. Ma la fine dello studio del greco e del latino avrebbe anche molte altre conseguenze indirette, probabilmente ancora più gravi.

Ad esempio l'ignoranza del latino, impedendo lo studio del diritto romano, priverebbe gli studi giuridici di quella che da sempre è stata la loro base.

La struttura tradizionale dell'analisi logica è nata per permettere le traduzioni in e dal latino (e greco) e consiste, nella sua parte essenziale, nell'usare i diversi "casi" di una lingua flessiva come il latino per descrivere una lingua moderna come l'italiano. I tentativi di sostituire la vecchia analisi logica con astratte teorie linguistiche moderne hanno avuto esiti non troppo lontani dagli analoghi tentativi di sostituire la geometria euclidea con l'insiemistica. Di fatto la scomparsa dello studio delle lingue classiche, dove è avvenuta, ha comportato spesso la perdita della capacità di individuare il soggetto di una proposizione. Siamo certi che si tratti di una perdita irrilevante?

Quelli del diritto romano, dell'analisi logica e della geometria euclidea sono solo tre esempi, tra i tanti possibili, del fatto che la civiltà classica ha costituito la fonte essenziale della cultura europea, fornendo il materiale concettuale di gran parte delle sue costruzioni intellettuali. È quindi impossibile prevedere cosa potrà rimanere in piedi della nostra civiltà dopo averle sottratto del tutto questo pilastro (anche se si possono già vedere molti effetti della frattura). Si tratta di ben altro che di conoscere i monumenti della propria città per poterli mostrare ai turisti.

Non voglio sostenere che la civiltà classica, per i "valori universali" che trasmette (come si dice spesso senza riuscire a precisare di cosa si parli realmente) o per altri misteriosi motivi *debba* essere, necessariamente e per sempre, una fonte essenziale di cultura. Voglio semplicemente ricordare il dato di fatto che negli ultimi duemila anni lo è certamente stata. Anche molti di coloro che non se ne sono accorti hanno probabilmente assorbito cultura classica indirettamente, per esempio leggendo Shakespeare o Kant, o magari Edgar Lee Masters o Heisenberg.[3] Probabilmente non si tratta però di novelli Kant o novelli Heisenberg.

Molti sono convinti che invece di attingere a culture antiche sia molto meglio essere completamente originali, elaborando nuove teorie linguistiche, nuove concezioni giuridiche, nuova letteratura, nuova filosofia, nuova arte e nuova scienza, che non abbiano alcuna dipendenza dai prodotti della cultura classica. Si tratta certamente di un obiettivo affascinante. Dobbiamo però chiederci se oggi abbiamo già conquistato l'autonomia sufficiente per raggiungerlo. Finché su questo punto restano dei dubbi, non possiamo permetterci di riservare la conoscenza della civiltà classica a un gruppuscolo di specialisti. Si può convincentemente argomentare che i processi respiratori non siano affatto l'unico sistema possibile con cui un organismo potrebbe ricavare energia. Finché però non si hanno alternative sicure è preferibile non smettere di respirare.

7.4. *Una cultura, due culture o mille "saperi"?*

Alcuni decenni fa, dopo la pubblicazione del famoso saggio di Snow,[4] divenne di moda parlare di "due culture", biasimando la frattura esistente tra la cultura umanistica e quella scientifica. Oggi l'idea delle "due culture" è considerata superata. Non perché la frattu-

[3] La cultura classica di Heisenberg può essere apprezzata leggendo le belle pagine da lui dedicate ai presocratici nel libro *Physics and Philosophy,* New York 1958. So bene che molti fisici di oggi (ad esempio i credenti nell'imminente "teoria finale") non hanno la stessa cultura classica. Non è difficile accorgersene.

[4] Charles P. Snow, *The two cultures,* Cambridge University Press, Cambridge 1959 (tr. it., *Le due culture,* Feltrinelli, Milano 1964).

ra sia stata rimarginata, ma piuttosto perché si accetta l'esistenza di mille diversi "saperi" con scarse comunicazioni tra loro. Le interazioni tra cultura umanistica e cultura scientifica si sono apparentemente intensificate, ma soprattutto nel senso di sostituire in entrambi i casi una parte crescente del lavoro intellettuale con l'esecuzione di procedimenti automatizzati basati sull'uso della nuova tecnologia. Una percentuale crescente del lavoro filologico, ad esempio, consiste oggi nel calcolare frequenze di vocaboli con l'uso del computer[5] mentre vari metodi fisici raffinati si sono diffusi tra archeologi, numismatici e altri gruppi di studiosi di discipline umanistiche. Per la ricostruzione dell'unità della cultura sarebbe molto più importante reintegrare nello studio della civiltà classica la formazione del metodo scientifico, ad esempio facendo leggere nelle scuole anche autori come Euclide, la cui opera andrebbe commentata anche nel corso di storia della filosofia. L'importanza del latino sarebbe inoltre molto più chiara agli studenti se potessero usarlo anche per leggere la letteratura scientifica e filosofica dell'Europa moderna, che continuò a usarlo fino al Settecento (il latino moderno tra l'altro è linguisticamente molto più semplice).

La scienza è stata spesso indebitamente sconnessa non solo dagli studi classici ma anche da quelli filosofici. Quando Descartes scrisse il suo *Discorso sul metodo* lo concepì come un'introduzione metodologica a tre suoi scritti scientifici *(La diottrica, Le meteore, La geometria),* ma le attuali edizioni di Descartes non includono quasi mai queste opere, considerate evidentemente non abbastanza "filosofiche". Il meto-

[5] Secondo l'opinione del critico Gleichmann (riportata in un articolo del "Corriere della sera") questa è stata l'attività principale di Sture Allen, che, avendo calcolato quali sono i vocaboli più frequenti nel linguaggio giornalistico, fu eletto segretario permanente dell'Accademia di Svezia (l'organismo che assegna il premio Nobel per la letteratura) perché avrebbe fatto entrare l'Accademia nell'era informatica.

do cartesiano viene così sottratto al contesto al quale si riferiva.

Il reinserire nella cultura classica e filosofica gli aspetti scientifici che spesso ne sono stati una componente essenziale dovrebbe accompagnarsi al restituire all'insegnamento scientifico la sua dimensione storico-critica. Ciò non significa sostituire nello studio le teorie scientifiche con discorsi generici e qualitativi di sociologia della scienza, ma discutere criticamente e storicamente quelle poche strutture concettuali della scienza che nella scuola è possibile studiare veramente: soprattutto il vecchio metodo dimostrativo e il (quasi altrettanto vecchio) metodo sperimentale, che andrebbero entrambi mostrati all'opera nell'ambito di teorie semplici. Per far questo, rinunziando a descrivere le ultime novità tecnologiche o le ultime teorie cosmologiche utili per seguire film di fantascienza, bisognerebbe studiare autori come Euclide e Galileo. Volendolo fare di prima mano occorre naturalmente conoscere il greco e il latino.

L'attuale disgregazione della cultura è stata in larga misura prodotta da un sistema scolastico che ha spostato il proprio baricentro dal liceo alle scuole di dottorato. Un'arma essenziale per combatterla è la difesa della serietà degli studi nella scuola secondaria.

7.5. *Le nuove tecnologie*

Le nuove tecnologie offrono grandi possibilità alla didattica, purché vengano considerate strumenti e non fini. Un esempio di *software* didattico interattivo in cui le potenzialità del nuovo mezzo sono impiegate per migliorare la comprensione di una teoria generale e non per eliminare i concetti teorici è fornito dal *Cabri*, un pacchetto per lo studio della geometria classica realizzato da un gruppo di ricercatori dell'Università di Grenoble fin dal 1988.[6] Il programma permette di usare un computer per disegnare costruzioni geometriche modificabili; la sua caratteristica interessante consiste nella possibilità di fissare una serie di condizioni (parallelismo tra segmenti, congruenze, incidenze,...) che debbono conservarsi nella trasformazione. Modificando con continuità le figure tracciate, è possibile in questo modo distinguere a colpo d'occhio tra caratteristiche accidentali di un particolare disegno e proprietà implicate dalle ipotesi fatte, ottenendo una guida ai procedimenti dimostrativi. Si può forse obiettare che simili deformazioni delle costruzioni sono ancora più utili quando vengono solo immaginate, ma pochi sono oggi capaci di un simile esercizio intellettuale e si può sperare che l'uso di *Cabri* possa costituire un avviamento anche alla simulazione puramente mentale. Se non altro si tratta di un serio tentativo nella giusta direzione.

Nel caso appena descritto il programma è pienamente "interattivo", in quanto chi lo usa può disegnare ciò che vuole e modificarlo come vuole. Il *software* non fa altro che ampliare il campo delle possibilità dell'utente, mettendogli a disposizione delle operazioni impossibili con carta e penna o con una lavagna tradizionale. I ricercatori dell'Università di Grenoble autori di *Cabri,* usando le nuove tecnologie informatiche per facilitare lo studio di un prodotto della civiltà classica (la geometria euclidea) che è essenziale per l'apprendimento del metodo scientifico, hanno dato un significativo contributo all'unità della cultura.

Andrebbe incoraggiato il consumo, e soprattutto la produzione, di *software* didattico di alto livello. La produzione del *software* va ovviamente guidata dagli

[6] Tra i lavori su *Cabri* ricordiamo D. Green, *Cabri-geometre - Euclid's revenge,* in "Mathematics in School", n. 2, 1992, pp. 46-50. L'IRRSAE dell'Emilia Romagna pubblica un bollettino periodico sull'argomento, CABRIRRSAE.

esperti delle singole discipline. L'essenziale è usare le tecnologie per realizzare i fini specifici dei diversi insegnamenti, come è mostrato dall'esempio di *Cabri* (e come può cercare di fare ogni studioso serio per gli argomenti di propria competenza) e non alterare i contenuti dell'insegnamento per adattarli alle forme della tecnologia di moda (come rischiano di fare gli esperti in tecnologie didattiche).

Nel caso di programmi dei quali è essenziale la struttura logica interna (come i pacchetti matematici o statistici che implementano algoritmi oggetto di studio da parte degli studenti che li usano) è importante che i listati siano accessibili e modificabili. Anche se vi sono molti modi di interagire intelligentemente con un computer il metodo principe resta infatti quello di programmarlo.

7.6. *Il possibile ruolo della scuola italiana*

Grazie alla crisi dell'identità nazionale e al provincialismo della cultura italiana si è diffusa l'idea che l'Italia debba necessariamente adeguarsi in ogni campo ai modelli offerti dagli altri paesi europei. L'Europa ha sempre avuto come componente essenziale della propria ricchezza intellettuale l'interazione tra le diverse culture nazionali, che, pur condividendo alcune caratteristiche essenziali, non si sono mai appiattite l'una sull'altra. Dobbiamo operare perché l'attuale processo di unificazione non faccia venir meno questa caratteristica, permettendo a ogni paese di conservare la propria specificità culturale, pur nell'ambito di un quadro normativo unitario.

L'Italia, proprio in quanto partecipa al processo di unificazione, potrebbe avere un'occasione per interrogarsi sul proprio ruolo e la propria funzione nell'ambito dell'Europa. La cultura italiana soffre di una profonda crisi e ha molte debolezze, ma certamente ha come punto di forza le proprie radici e il particolare legame con il passato classico. Questo legame è l'aspetto essenziale che ci differenzia dal resto dell'Europa: esso è all'origine dello splendore del nostro Rinascimento e della debolezza e del ritardo della nostra identità politica. Se la lingua italiana, nonostante la ristrettezza della sua base geografica, limitata inizialmente alla Toscana, poté divenire rapidamente una delle principali lingue letterarie d'Europa, ciò fu dovuto in larga misura al suo stretto legame con il latino, dal quale continuò ad attingere lessico. Tra gli straordinari beni culturali italiani vi sono circa i tre quarti dei manoscritti presenti nel mondo occidentale. Si tratta in massima parte di scritti greci e latini.[7]

L'Italia ha vissuto secolari contraddizioni tra la scarsa efficienza delle istituzioni e l'eccellenza dei suoi cittadini migliori, la ricchezza del suo patrimonio culturale e le miserie della sua politica. L'unificazione europea può offrirci un'occasione unica di porre rimedio a mali antichi offrendo una cornice normativa e istituzionale entro cui sfruttare le nostre potenzialità migliori. Per questo è essenziale non rinunziare a quello che finora è stato il punto di forza delle nostre istituzioni scolastiche: il liceo. La funzione di mantenere un contatto privilegiato con la civiltà classica, assegnataci da tutta la nostra storia, non può essere abbandonata senza rinunciare alla nostra identità e non è affatto in alternativa al rafforzamento della formazione scientifica. Non perdere il contatto con le radici classiche della razionalità scientifica permette anzi un atteggiamento critico verso la scienza e le tecnolo-

[7] Tra di essi vi sono anche molti manoscritti scientifici, che potrebbero essere preziosi per ricostruire i rapporti tra scienza antica e scienza moderna. Rischiano però di deteriorarsi senza essere stati mai neppure classificati, cosicché non sapremo neppure i titoli delle opere perdute. L'unico progetto di classificazione oggi in corso di attuazione riguarda i manoscritti scientifici posseduti dalla Biblioteca Nazionale di Firenze, che sono una percentuale minima del totale.

gie moderne che è precluso a chi possieda solo una cultura specialistica.[8] Non a caso le radici classiche della cultura italiana hanno caratterizzato anche le nostre migliori tradizioni scientifiche, non solo nel Rinascimento e all'epoca della scuola galileiana, ma ancora, ad esempio, nella scuola italiana di matematica a cavallo tra Ottocento e Novecento. Anche più recentemente gli ottimi risultati raggiunti da molti nostri scienziati sono stati spesso da loro stessi attribuiti anche alla duttilità intellettuale assicurata dal nostro liceo.

Naturalmente non ci si può arroccare in difesa del liceo così com'è: vi è bisogno di un ripensamento profondo dei programmi, che potrebbe essere un momento essenziale di una battaglia generale per l'unità della cultura e la difesa della razionalità. A mio parere bisognerebbe superare la distinzione gentiliana tra liceo classico e liceo scientifico creando una scuola di alto livello che, eliminando ogni concessione alle mode culturali, si concentri proprio su quegli strumenti concettuali che la "scuola per consumatori" sta eliminando. In una tale scuola, in cui si potrebbero studiare Archimede e Galileo, l'approfondimento delle basi del metodo scientifico, anche sotto l'aspetto storico-critico e filosofico, si coniugherebbe del tutto naturalmente con lo studio della civiltà classica, in cui scienza e filosofia sono nate. Una scuola simile potrebbe preparare dei giovani con un'eccezionale capacità di affrontare problemi nuovi e difficili. Nell'attuale situazione di grave crisi delle scuole secondarie americane ed europee le nostre tradizioni, la cultura ancora diffusa tra tanti dei nostri insegnanti e i nostri straordinari beni culturali ci darebbero la possibilità di costruire una delle migliori scuole di base dell'Occidente. È invece insensato il tentativo di in-

[8] Ad esempio forme di idealismo ingenuo e inconsapevole come quelle oggi diffuse tra varie categorie di scienziati possono svilupparsi solo in chi non ha mai letto Platone.

seguire le scuole americane sul loro terreno, cancellando le nostre tradizioni, dotandoci di una scuola secondaria completamente dequalificata, "liceizzando" l'università e pretendendo poi di recuperare la serietà degli studi in scuole di dottorato che, come ci ha assicurato il ministro Berlinguer, saranno "internazionalizzate". Le migliori scuole diventano internazionali in quanto il loro prestigio scientifico attira docenti e studenti da altri paesi e non viceversa. Garantire per legge l'assunzione di molti docenti stranieri e vietare l'uso dell'italiano non è un sistema furbo per eguagliare Oxford e Harvard, ma un modo di attirare gli scarti del mercato scientifico internazionale.[9] Non credo che l'Università di Mogadiscio abbia mai superato il prestigio della Sorbona o di Oxford, pur essendo stata certamente la più "internazionale" delle tre università.

Vi è un solo modo per dare veramente prestigio internazionale alle nostre scuole di dottorato: quello di tenerne alto il livello scientifico. Per questo è preferibile fermare il degrado della scuola e dell'università e non accelerarlo.

7.7. *La lingua italiana, l'inglese e le altre lingue*

Le scelte didattiche sono una parte essenziale della politica culturale. Le scelte relative all'insegnamento dell'italiano, dell'inglese e delle altre lingue moderne richiedono innanzitutto chiarezza sui ruoli che si

[9] Una confusione analoga si è diffusa nella valutazione dei nostri ricercatori. È vero che i bravi scienziati ricevono inviti dall'estero e la maggioranza di loro, accettandoli, viaggia spesso. Ciò non giustifica però la diffusa credenza che il merito scientifico aumenti proporzionalmente al numero di ore di volo. Si tratta di una credenza che ci costa cara, poiché molti fondi di ricerca vengono spesi per pagare viaggi che servono ad arricchire il curriculum di chi li fa con lunghi elenchi di località straniere visitate.

pensa potranno e dovranno svolgere le varie lingue in quella che oggi è ancora l'Italia. È inutile ripetere che i fenomeni linguistici vanno lasciati evolvere spontaneamente. Finché avremo una scuola statale e una serie di istituzioni culturali pubbliche, una politica culturale nazionale, anche linguistica, è inevitabile. L'unica scelta possibile è quella di renderla o meno consapevole.

Se abbandoniamo al suo destino la lingua italiana e le altre lingue nazionali inseguendo l'obiettivo di una omologazione linguistica mondiale rischiamo di provocare un grave impoverimento culturale; è evidente, d'altra parte, che la perdurante scarsa diffusione della conoscenza dell'inglese, ostacolando le comunicazioni, costituisce un elemento di inferiorità degli italiani rispetto agli altri popoli europei. La scelta tra le due lingue non è sempre facile e non riguarda solo l'insegnamento scolastico, ma anche i nostri prodotti culturali. Un problema in parte analogo si pose a Galileo quando scrisse il suo capolavoro scientifico, i *Discorsi e dimostrazioni matematiche intorno a due nuove scienze*. Galileo conosceva solo la lingua italiana così perfettamente da raggiungere risultati letterari di grande livello in opere in cui le riflessioni filosofiche si intrecciano con quelle scientifiche e l'ironia, le allusioni e le notazioni psicologiche richiedono molti registri linguistici diversi; d'altra parte solo scrivendo in latino avrebbe potuto trasmettere rapidamente i propri risultati alla comunità scientifica internazionale. La soluzione di Galileo fu all'altezza del suo genio. I *Discorsi* sono un'opera bilingue, in cui vari personaggi dialogano in italiano commentando un'opera scientifica che si immagina scritta da Galileo stesso in latino[10]. Il latino viene così riservato ai risultati scientifi-

[10] Per la precisione questa è la struttura delle giornate terza e quarta dei *Discorsi*, nelle quali è esposta la teoria del moto.

ci, resi immediatamente leggibili in tutta Europa, mentre la ricchezza linguistica è assicurata dal dialogo italiano. Pur nella diversa situazione credo che l'esempio di Galileo possa ancora esserci utile. Potremmo procedere verso un bilinguismo con ruoli differenziati per le due lingue. L'inglese è ormai indispensabile come lingua internazionale in cui esporre risultati e comunicare notizie. La scuola deve quindi fornirne a tutti una conoscenza sufficiente per questi scopi. Eviteremo però un grave regresso culturale se allo stesso tempo salvaguarderemo l'uso delle varie lingue nazionali come strumenti linguistici più duttili da usare nei rispettivi contesti.

A questo scopo bisognerebbe conservare e migliorare, nelle scuole italiane, l'insegnamento della lingua e della letteratura italiana. Per evitare l'ibridazione tra italiano e inglese è importante studiare entrambe le lingue e confrontarle consapevolmente.

Naturalmente deve essere conservata la possibilità di scegliere di studiare una lingua diversa dall'inglese, ma lingue come il francese, se offerte in alternativa all'inglese, rischiano di essere quasi completamente abbandonate. Si potrebbe prevedere la possibilità di studiare una terza (o anche una quarta) lingua moderna anche solo in corsi "leggeri", finalizzati alla sola conoscenza passiva.

7.8. *La vera cultura può essere obbligatoria?*

Una scuola secondaria di alto livello, che trasmetta contenuti e strumenti intellettuali solidi, risolverebbe certo molti problemi: non solo assicurerebbe le basi culturali necessarie per formare gli scienziati e i pochi tecnici ancora necessari nelle produzioni di alta tecnologia, non solo innalzerebbe il livello della produzione culturale, ma permetterebbe anche di costruire le competenze più diffuse necessarie nei servizi e fornirebbe ai cittadini gli strumenti critici con cui compiere scelte consapevoli. Realizzare tutto ciò in una scuola obbligatoria ed eguale per tutti può sembrare un formidabile strumento di democrazia. Purtroppo si tratta solo di un'utopia, che si scontra con un diritto fondamentale: il diritto all'ignoranza. Non si tratta, è vero, di un diritto costituzionalmente tutelato, ma probabilmente dell'unico diritto che almeno nella storia moderna non sia stato mai posto seriamente in pericolo. Le cose erano naturalmente diverse in società semplici in cui nessun individuo può ignorare né le tecniche di sussistenza né l'organizzazione sociale della tribù, cosicché nessuno ha diritto all'ignoranza. Non a caso si tratta di società senza scuola. Nel nostro "villaggio globale" la scienza, le tecnologie produttive, i meccanismi socio-economici e, in generale, gli strumenti culturali posseduti dall'umanità sono enormemente complessi e non vi è alcuna garanzia che l'acquisizione, con uno studio necessariamente impegnativo, degli strumenti intellettuali necessari per orientarsi criticamente comporti dei vantaggi nella vita materiale. In questa situazione si può rendere obbligatoria la conoscenza di codici di comportamento necessari per salvaguardare la salute o la convivenza civile, ma non è pensabile obbligare tutti i ragazzi a un faticoso lavoro intellettuale che dal punto di vista del successo sociale ed economico sarebbe quasi certamente meno proficuo dell'apprendimento, per esempio, di qualche tecnica di vendita. Anche se una classe politica volesse perseguire l'obiettivo della cultura obbligatoria, cercando di conculcare il sacrosanto diritto di arrestarsi a un livello culturale inferiore, le mancherebbero totalmente gli strumenti di coercizione. Il diritto all'ignoranza non solo ha una schiera di efficaci difensori, in particolare tra intellettuali e politici, ma è garantito di fatto.

Resta però la possibilità di avere una scuola di alto livello come opzione facoltativa. Dovrebbe trattarsi di una scuola diversa dalla vecchia scuola elitaria, perché diversa dovrebbe essere la sua funzione. Si tratterebbe non più di fornire a una minoranza di privilegiati gli strumenti del dominio, ma a tutti coloro che lo desiderano le conoscenze necessarie per la comprensione della società attuale, anche fornendo il metodo scientifico necessario per comprendere i principi di funzionamento delle nuove tecnologie. Oggi i ragazzi hanno a disposizione un mondo di possibili attività un tempo impensabile: dalle arti marziali alla vela, dall'equitazione al deltaplano. Perché non prevedere, tra le tante scelte possibili, anche una scuola seria?

In questo modo si potrebbe assicurare la trasmissione di alcuni elementi essenziali di cultura alle prossime generazioni. Si sarebbe sempre in tempo a cambiare politica scolastica. La linea dell'ignoranza obbligatoria sarebbe invece irreversibile. Si creerebbe una frattura di civiltà difficilmente immaginabile. Se si interrompe la trasmissione diretta del sapere non basta l'eventuale sopravvivenza di vecchi libri per recuperare il senso del loro contenuto. D'altra parte una generazione educata al culto dei videogiochi e al disprezzo per le conoscenze "ancora legate ad un apprendimento dai testi" ben difficilmente farebbe sopravvivere dei libri.

I programmi della scuola di alto livello non potrebbero essere scritti in breve tempo, ma dovrebbero essere il risultato di un ampio dibattito. L'estensione dell'obbligo è invece considerata una misura urgente. Nel frattempo perché non consentire la sopravvivenza di un certo numero di scuole di vecchio tipo, per chi volesse continuare a frequentarle, anche solo per il biennio necessario per soddisfare il nuovo obbligo?

Appendici: alcune reazioni alla politica culturale di Berlinguer

Come abbiamo visto, la politica scolastica e culturale del governo non ha mancato di suscitare reazioni. Si sono avuti interventi allarmati di giornalisti, intellettuali, associazioni di categoria (tra le altre di italianisti, geografi, classicisti) e operatori della scuola (l'edizione romana del "Corriere della sera" del 3.2.1998 ha ospitato, ad esempio, l'accorata critica del provveditore agli studi di Roma). La reazione non sembra però adeguata alla drammaticità delle scelte compiute ed è resa molto difficile non solo dall'attuale crisi culturale in atto (della quale la politica governativa non è che una delle conseguenze), ma anche dalla circostanza, che disorienta molti, che l'obiettivo della dequalificazione della scuola e dell'annientamento della tradizione culturale italiana è oggi portato avanti con determinazione da un ministro che è espressione della parte politica che da decenni esercita in Italia una indubbia egemonia culturale. Un elemento di speranza viene però dalla reazione di molti insegnanti. Vari gruppi di docenti hanno dato vita a iniziative spontanee nel tentativo di difendere la scuola. Sono qui riportati alcuni documenti relativi a due di queste iniziative: il PRISMA (Progetto per la rivalutazione dell'insegnamento e dello studio del mondo antico) e l'Appello per la scuola italiana elaborato dal Comitato per la scuola italiana.

Appendice 1

Le iniziative del PRISMA

Nei mesi successivi alla pubblicazione del decreto ministeriale del 4.11.1996 che modificava la scansione temporale dei programmi di storia, il seguente appello al ministro, scritto dal professor Fabrizio Polacco, del liceo "I. Vian" di Bracciano (Roma), fu firmato da circa millecinquecento docenti:

LETTERA-APPELLO AL MINISTRO DELLA PUBBLICA ISTRUZIONE

I docenti sottoscritti, pur condividendo l'opportunità di garantire un effettivo inserimento della storia del Novecento nei programmi della scuola superiore, sottolineano che:

a) *lo studio delle civiltà antiche, e di quella greca e romana in particolare, riveste una fondamentale importanza nella formazione dell'uomo contemporaneo, poiché in esse vennero elaborati concetti essenziali e tuttora attualissimi quali la razionalità, la democrazia, la cristianità e il diritto;*

b) *compresso in un solo anno, partendo dai due attuali, come prescrive il decreto ministeriale del 4.11.96, tale studio non può che ridursi ad una sintesi affrettata e lacunosa;*

c) *aggiungere ben nove secoli di storia, dal VI al XIV, al programma del biennio superiore appare esagerato e didatticamente improponibile;*

d) *l'applicazione della nuova scansione cronologica a tutte e cinque le classi superiori contemporaneamente, a partire dal prossimo anno, renderà nei fatti inevitabile trascurare o addirittura saltare interi periodi storici.*

e) *alla vigilia dell'ingresso definitivo in Europa, l'Italia ci pare il paese che più di ogni altro dovrebbe preservare ed accrescere, nelle future generazioni, la consapevolezza delle radici culturali comuni all'intero continente.*

Visto e considerato quanto sopra i docenti sottoscritti richiedono al Ministro della Pubblica Istruzione il ritiro o la temporanea sospensione del D.M. del 4.11.96, e si dichiarano disponibili a collaborare costruttivamente alla ricerca di una soluzione più valida.

Il 6 dicembre 1997, su iniziativa degli stessi docenti che avevano coordinato la raccolta delle adesioni all'appello precedente, è stato fondato il PRISMA (Progetto per la rivalutazione dell'insegnamento e dello studio del mondo antico). Tra le iniziative di questa associazione vi è stata l'elaborazione di una proposta di scansione temporale dei programmi di storia, alternativa a quella decretata dal ministro, che ha avuto l'approvazione dei presidenti delle Consulte universitarie nazionali di Storia greca e romana, di Greco e di Studi latini:

Programmi precedenti il D.M.:

1° anno: l'Oriente e la Grecia fino all'Ellenismo
2° anno: Roma e la civiltà romana
3° anno: il Medioevo
4° anno: l'Età Moderna fino al Congresso di Vienna (1815)
5° anno: dal Congresso di Vienna in poi.

Programmi previsti dal D.M.:

1° anno: dalla Preistoria ai primi due secoli dell'Impero Romano
2° anno: dall'età dei Severi alla metà del XIV secolo
3° anno: dalla crisi socio-economica del XIV secolo alla metà del Seicento

4° anno: dalla metà del Seicento alla fine dell'Ottocento
5° anno: il Novecento.

Proposta di modifica:

1° anno: dalla Preistoria al 146 a.C. (fine delle guerre puniche)
2° anno: dal 146 a.C. a Carlo Magno
3° anno: da Carlo Magno alla pace di Cateau-Cambrésis (1559)
4° anno: dalla pace di Cateau-Cambrésis al 1870
5° anno: dal 1870 in poi.

Molti docenti hanno deciso di non applicare il decreto ministeriale sui programmi di storia e la Gilda degli insegnanti ha invitato i docenti a confermare per l'anno in corso i libri di storia con la scansione tradizionale (che alcuni editori si sono già impegnati a mantenere in commercio). Inoltre le Consulte universitarie nazionali di Storia greca e romana, di Greco e di Studi latini hanno chiesto al ministro di sospendere il decreto. La raccolta di firme a sostegno della proposta del PRISMA è in corso (nella primavera 1998).

Il PRISMA ha anche elaborato la seguente proposta relativa al riordino dei cicli scolastici:

I docenti del PRISMA, *al fine di evitare che l'innalzamento dell'età dell'obbligo in una scuola comune e livellatrice (verso il basso, come sempre) comporti un conseguente scadimento ed impoverimento della preparazione culturale delle nuove generazioni, propongono al mondo della scuola, della cultura, agli organismi universitari e alle associazioni ed istituzioni interessate, di mobilitarsi e di prendere posizione affinché parlamento e governo, nell'ambito della futura riforma globale dei cicli scolastici, attuino un innalzamento dell'età dell'obbligo in forma differenziata, senza il vincolo dell'a-*

rea comune, al fine di salvaguardare la specificità dei singoli indirizzi, non certo comprimibile in un triennio finale. Il tutto, naturalmente, individuando altresì canali e strumenti appropriati per consentire un eventuale ripensamento e passaggio d'indirizzo da parte degli alunni che ne facciano richiesta nel corso dell'espletamento dell'ultima fase dell'obbligo scolastico.

Tale impostazione ci sembra l'unica che permetta di fare in modo che l'immenso patrimonio culturale classico e scientifico che la scuola italiana sa e può ancora trasmettere, non risulti prima annacquato e disperso in un triennio iniziale che non costituirebbe altro che una prosecuzione inutile e dequalificante della attuale scuola media inferiore, poi circoscritto e reso elitario (ma anche ridotto e ridimensionato) in un triennio finale che non riuscirebbe certo a garantire quello stesso grado di preparazione che prima veniva conseguito nell'arco di un percorso quinquennale.

Il PRISMA, insieme a varie organizzazioni culturali, tra le quali le Consulte universitarie nazionali già citate, ha organizzato un convegno (a Roma, il 15/16 maggio 1998), dal titolo *Il conflitto inesistente: Umanisti e scienziati per il rilancio della cultura classica nella scuola del 2000*, allo scopo di presentare e discutere proposte sulla riforma della scuola e di promuovere nuove forme di coordinamento tra scuola, università ed esponenti della cultura.

Eventuali adesioni al PRISMA o a singole sue iniziative possono essere inviate a:

professor Fabrizio Polacco, piazza Zama 3, 00183, Roma (fax 06/30888115)

oppure a:

professor Giuliano Pisani, via Vergerio 19, 35126 Padova (fax 049/755302)

Appendice 2

L'appello del Comitato per la scuola italiana

Appello per la scuola italiana

Di riforma della scuola si discute in Italia ormai da decenni; e certo la questione è di eccezionale importanza, perché ogni decisione in questo campo è destinata a influire profondamente sulla società e la cultura: si tratta insomma di progettare il futuro della nazione. Per questi motivi sembra molto grave che, proprio ora che le proposte del ministero si sono ben chiarite e il parlamento è chiamato a discutere e a decidere, manchi quasi del tutto un dibattito tra intellettuali e uomini di scuola, tra le forze politiche e nella stampa. Ma il cospicuo esodo degli insegnanti, incontenibile nella lunga durata, è sintomatico della sfiducia del mondo della scuola. L'appello che qui si presenta, sottoscritto da persone che della scuola hanno quotidiana esperienza, perché ci vivono e l'amano, è inteso a provocare una discussione seria e vuol esprimere un disagio profondo.

1. *La filosofia ispiratrice del progetto di riforma*

Negli ultimi vent'anni, sia i progetti globali di riforma della scuola sia gli interventi parziali sono stati accomunati dall'ingiusta e superficiale svalutazione d'una tradizione culturale illustre, ben altrimenti complessa e autorevole, e dalla tendenza a inseguire il miraggio d'una modernità male intesa. In particolare, la proposta del ministro Berlinguer sembra ispirata, in maniera fin troppo chiara e coerente, a una concezione pragmatistica e utilitaristica della cultura e della scuola. Citiamo dal progetto ministeriale di riordino dei cicli scolastici, capitolo *Gli obiettivi di fondo*: "Occorre superare la concezione in base alla quale certa cultura ha carattere 'disinteressato', mentre altra è finalizzata esclusivamente all'applicazione lavorativa" (§ 2); si critica "il modello italiano" di scuola secondaria, che "è rimasto sostanzialmente l'unico in Europa che non si è adattato allo sviluppo industriale" (§ 2); per questo "il triennio finale della scuola secondaria (15-18 anni)", cioè la nuova scuola superiore, "dovrebbe avere carattere professionalizzante" (§ 2b); la stessa finalità professionalizzante, sia pure non più in termini esclusivi, viene anzi attribuita a tutta quanta la scuola riformata, nella quale «[in ogni ciclo di studio] ogni segmento [...] consolidi risultati spendibili in termini culturali, scientifici e professionali», per valorizzare la scuola "come risorsa utilizzata in modo sinergico con la formazione professionale e con le altre offerte culturali" (capitolo *Quadro di riferimento...*).

Per noi, invece, la scuola non può che essere formativa: la sua irrinunziabile vocazione consiste nel far sì che l'uomo sia pienamente uomo, sviluppandone la personalità in tutti i suoi aspetti: l'uomo ch'è insieme individuo e membro della società, spirito e corpo, ragione, volontà e sentimento, l'uomo nella sua esperienza estetica, morale, economica, eccetera.

La finalità formativa così intesa, e non una concezione utilitaristica, deve caratterizzare la scuola di base. Quanto alla scuola superiore, all'esplicita affermazione ministeriale d'un suo carattere professionalizzante contrapponiamo la convinzione che a tutti i giovani debba esser data la libertà di scegliere tra una scuola che li formi preparandoli seriamente al lavoro e una scuola che li formi proponendo contenuti puramente culturali. Uno Stato democratico ha il dovere di garantire agli adolescenti e alle loro famiglie questa fondamentale libertà. Ora, cultura non vuol dire solo trasmissione di nozioni tecniche e di competenze slegate, di saperi specialistici preparatori alle diverse facoltà universitarie: l'uomo colto è soprattutto quello che ha imparato a pensare, a valutare criticamente, a cercare con onestà e passione. Proponiamo una scuola che non s'adegui acriticamente al divenire sociale e alle mode del momento, ma trasmetta alle nuove generazioni la tradizione culturale italiana ed europea, in tutta la sua feconda varietà: una tradizione a cui il giovane dev'essere accostato in prospettiva e con metodo storici, e non solo teorici; una tradizione che noi vogliamo chiamare senz'altro umanistica, ma comprendendo in essa, con pari dignità, così le discipline letterarie, storiche e filosofiche come la matematica e le scienze sperimentali (la contrapposizione che ispirò la riforma gentiliana è superata, e fu anch'essa frutto d'una moda culturale). Solo la conoscenza di questa tradizione, che non dev'essere privilegio di pochi, può fornire gli strumenti critici indispensabili per capire la realtà nella sua complessità, e anche la ricchezza spirituale e la duttilità necessarie per affrontare un mondo del lavoro in continua trasformazione.

Premesso che ogni riforma dovrà restituire agl'insegnanti, oggi mortificati da troppe inutili pratiche e procedure burocratiche, la loro vocazione educativa e funzione culturale, vorremmo far qui qualche ulteriore rilievo critico sulla bozza ministeriale e sul documento conclusivo della commissione di saggi istituita dal ministero, anche se naturalmente non è nostra intenzione elaborare una compiuta bozza di riforma, che compete istituzionalmente agli organi tecnici preposti.

2. *I particolari della riforma*

a) Gli elaboratori elettronici hanno un'utilità strumentale e quindi è utile imparare a usarli; ma non bisogna mitizzarli, come fa chi ne propone un uso didattico indiscriminato o chi addirittura ne sostiene l'importanza "anche e soprattutto sul piano epistemologico" (documento dei saggi, § 1.7)

b) La scuola dell'orientamento, cioè il triennio che seguirebbe la scuola di base, porterebbe a un disastroso abbassamento del livello culturale delle nuove generazioni. Non solo la scuola superiore, ridotta così a soli tre anni, ma lo stesso triennio d'orientamento, troppo lungo e senza una sua definita fisionomia didattica, resterebbero privi d'efficacia formativa: che dovremmo pensare, per esempio, d'un primo anno d'orientamento in cui "i giovani [...] hanno davanti a sé tutte le possibilità, dalle lettere al giardinaggio, dalle scienze ai trasporti, dall'arte allo sport" (bozza ministeriale, capitolo *Gli obiettivi di fondo*, § 2a)?!

c) I programmi: un rovinoso pedagogismo spinge il ministero a mettere tra parentesi i contenuti: "I programmi ministeriali dovranno trasformarsi da individuazione di contenuti a individuazione di obiettivi" (bozza ministeriale, capitolo *Gli obiettivi di fondo*, § 1); di nuovo si manifesta chiaramente il pericolo già denunziato al punto b), cioè l'abbassamento del livello culturale delle future generazioni. Il ministero inoltre ritiene inutile ripetere "identici programmi in spazi temporali ristretti (si faccia l'esempio della storia)" (capitolo *Gli obiettivi di fondo*, § 1); senonché la ciclicità dell'apprendimento, in diverse età e con diverse maturità, è un'acquisizione della psicologia e della pedagogia talmente ovvia che non si vede come la si possa ignorare. Riguardo all'insegnamento della *storia*, è noto poi che il ministero, senza sottoporre il provvedimento all'esame delle Camere, ne ha già imposto una nuova scansione temporale a cui molti insegnanti si sono ribellati, soprattutto perché toglie importanza e serietà allo studio della storia antica; eppure, noi siamo debitori alle civiltà greca e romana dell'elaborazione di concetti e valori fondamentali della nostra convivenza civile, e all'evo antico appartiene anche la rivoluzione cristiana, con la quale s'è definito l'orizzonte culturale unitario dell'Occidente: com'è possibile trascurarlo?

d) *L'emarginazione del latino e del greco*: il documento dei saggi (§ 3.5) riconosce che "la tradizione classica costituisce un patrimonio importante per il nostro paese" e auspica un diffuso "approfondimento delle condizioni di vita, dei mondi fantastici e istituzionali dei due popoli", dichiarando però di voler riservare "la diretta conoscenza delle due lingue" a "uno specifico percorso scolastico destinato alla formazione dei futuri antichisti"; il liceo classico perde così il suo tradizionale carattere di scuola eminentemente formativa in senso umanistico, per diventare anch'esso una scuola professionale. D'altra parte, è molto chiara l'intenzione di restringere drasticamente il numero dei giovani che studieranno la lingua latina. Ora, senza conoscere la lingua di Roma, come sa ogni persona di buon senso, non è possibile uno studio approfondito della civiltà romana; ma c'è di più: chi non conosce il latino non si può accostare agli stessi testi classici e fondanti della cultura occidentale, antica e anche medievale e moderna, e non può avere una conoscenza non illusoria dell'italiano e delle sue strutture. L'impostazione suggerita dai saggi si rivela qui, paradossalmente, più classista e discriminatoria del modello che si intende sostituire.

e) *Le lingue straniere*: si rischia la definitiva emarginazione del francese e del tedesco; è appena il caso di ricordare gli strettissimi legami, culturali ma anche commerciali, che l'Italia ha sempre avuto e ha tuttora con la Germania e ancor più con la Francia.

f) La storia della filosofia non si deve ridurre, è vero, a un'esposizione acritica del pensiero dei singoli filosofi: bisogna anche indagare il senso e il valore di verità dei concetti che attraversano la speculazione occidentale, mettendone in luce la rilevanza vitale. Infatti il fine ultimo dell'insegnamento è quello d'educare i giovani alla riflessione filosofica, cioè a cercare la verità col pensiero. È pura illusione tuttavia pensare di poter raggiungere questo fine prescindendo dal metodo storico, il solo che permetta di collocare i pensatori nel loro contesto, e quindi di capire veramente i problemi. Respingiamo perciò fermamente la proposta dei saggi (§ 3.7) di sopprimere lo studio della storia della filosofia, sostituendolo con una "rassegna di idee portanti", "un insegnamento di 'elementi di filosofia' [...], esemplificativamente: questioni di etica [...]; questioni di logica, di verità e di plausibilità [...]". Affrontare questi temi prescindendo dalla storia significherebbe, nella migliore delle ipotesi, ridurre la disciplina a chiacchierate inconcludenti, col rischio poi di lasciar campo libero ad abili ma disonesti indottrinatori.

g) La matematica: giustamente i saggi ritengono necessario "immettere negli insegnamenti delle scienze fisico-naturali una prospettiva critica, di natura storico-epistemologica" (§ 3.2), ma non estendono le stesse considerazioni alla matematica, evidentemente vista ancora come materia tecnica, proprio da chi si propone di superare l'impostazione gentiliana. Quest'atteggiamento ben s'accorda, purtroppo, con l'attuale tendenza a emarginare lo studio della geometria euclidea (importantissima, invece, perché insegnata col metodo ipotetico-deduttivo e perché offre i maggiori spunti per un approccio storico), e ad avvicinare piuttosto l'insegnamento della matematica a quello dell'informatica, discipline la prima eminentemente umanistica, la seconda tecnologica per eccellenza, e che solo in una concezione superficiale si possono considerare affini.

h) *La musica*: i saggi (§ 3.9) deplorano la "condizione marginale" della cultura e dell'educazione musicale; per loro però la scuola non dev'essere "un luogo d'informazione sulla musica", ma "una sede di esperienza acustica e musicale". Ma le due cose non possono essere disgiunte: l'esperienza si riduce a qualcosa di meramente soggettivo e impressionistico se non è corroborata da una seria informazione sulla musica, intesa come consapevolezza critica, cioè storica, dell'apporto che l'arte musicale ha dato all'edificazione della cultura occidentale.

Siamo preoccupati, perché sappiamo che una riforma male avviata può far molti danni; siamo preoccupati, perché amiamo la scuola, la cultura e l'Italia, e non vogliamo che vada dispersa l'incomparabile tradizione di civiltà e d'umanità della nostra patria; siamo preoccupati, perché crediamo nella democrazia e nel civile dibattito delle idee, e dobbiamo constatare un disinteresse e un silenzio che ci paiono segni gravi d'indebolimento della coscienza nazionale. Per questi motivi, e per altri, siamo preoccupati. Invitiamo tutti quelli che condividono la nostra preoccupazione, e soprattutto la nostra passione civile, a far sentire la loro voce e a unirsi a noi in questa battaglia.

Eventuali adesioni all'appello precedente (che è stato firmato inizialmente da circa trecento docenti) possono essere inviate a:

professor Francesco Di Benedetto, Borgo San Biagio, 5 – 43100 Parma (fax 0521/285526)

oppure a:

professor Luigi Miraglia, Contrada S. Vito, 5 – 83048 Montella (AV) (fax 0827/601643)

Indice

Stampa Grafica Sipiel
Milano, marzo 2000